# 我国人力资源配置效率研究

毕革新　许召元　等著

中国发展出版社
CHINA DEVELOPMENT PRESS

**图书在版编目（CIP）数据**

我国人力资源配置效率研究/毕革新，许召元等著．—北京：中国发展出版社，2016.10

（国务院发展研究中心研究丛书.2016／李伟主编）

ISBN 978 - 7 - 5177 - 0529 - 1

Ⅰ.①我…　Ⅱ.①毕…　②许…　Ⅲ.①人力资源—资源配置—研究—中国　Ⅳ.①F249.21

中国版本图书馆 CIP 数据核字（2016）第 156466 号

| | |
|---|---|
| 书　　　　名： | 我国人力资源配置效率研究 |
| 著作责任者： | 毕革新　许召元　等 |
| 出 版 发 行： | 中国发展出版社 |
| | （北京市西城区百万庄大街 16 号 8 层　　100037） |
| 标 准 书 号： | ISBN 978 - 7 - 5177 - 0529 - 1 |
| 经 销 者： | 各地新华书店 |
| 印 刷 者： | 北京科信印刷有限公司 |
| 开　　　　本： | 710mm×1000mm　1/16 |
| 印　　　　张： | 12.75 |
| 字　　　　数： | 153 千字 |
| 版　　　　次： | 2016 年 10 月第 1 版 |
| 印　　　　次： | 2016 年 10 月第 1 次印刷 |
| 定　　　　价： | 45.00 元 |
| 联 系 电 话： | （010）88919581　68990692 |
| 购 书 热 线： | （010）68990682　68990686 |
| 网 络 订 购： | http：//zgfzcbs.tmall.com |
| 网 购 电 话： | （010）68990639　88333349 |
| 本 社 网 址： | http：//www.develpress.com.cn |
| 电 子 邮 件： | 370118561@qq.com |

# 践行五大发展理念　发挥高端智库作用
# 努力推动中国经济转型升级

2016年是"十三五"开局之年。"十三五"时期是塑造中国未来的关键五年，到2020年能否实现全面建成小康社会的目标，不仅是发展速度快慢的问题，更是决定中国能否抓住转型发展的历史窗口期，跨越"中等收入陷阱"、顺利实现现代化的问题。

2015年10月，党的十八届五中全会通过的《中共中央关于制定国民经济和社会发展第十三个五年规划的建议》确立了"创新、协调、绿色、开放、共享"五大发展理念。2016年3月，十二届全国人大四次会议通过的《国民经济和社会发展第十三个五年规划纲要》明确了新时期发展的总体思路，提出了应对国内外严峻挑战的战略性安排。

毋庸讳言，我国经济社会发展确实面临着一些前所未遇的困难和挑战，诸如：劳动年龄人口绝对量下降，老龄化问题日益显现，传统产业和低附加值生产环节的产能严重过剩，粗放式发展产生的生态环境问题逐渐暴露，以创新为驱动力的新增长动力尚未形成，社会对公平正义的诉求日益增强，等等。但与此同时，也应该客观地看到，我国的发展依然有着巨大的潜力和韧性。城镇化远未完成，欠发达地区与发达地区间存在明显的发展差距。这意味着，在当前和未来相当长的时期内，投资和消费都有很大的增长空间。我国产业体系完备、人力资本丰富、创新能力正在增强，有支撑未来发展的雄厚基础和良好条件。目前经济增长速度呈现的下降态势，只是经济结构转型过程中必然出现的暂时现象，而且这一态势是趋缓的、可控的、可承受的。随着结构调整、经济转型不断取得进展，我国经济将在新的发展平台上实现稳定、持续的中高速增长。

正是基于各种有利因素和不利因素复杂交织、相互影响的大背景，我们认为，中国的现代化已经进入转型发展重要的历史性窗口期，如果不能在窗口期内完成发展的转型，我们就迈不过"中等收入陷阱"这道坎，现代化进程就有可能中断。

中央十分清醒地认识到这一点，并对转型发展进行了周密部署。概言之，未来五年，为了推动经济转型、释放发展潜力，我们将以新的发展理念为统领，依照"十三五"规划描绘的蓝图，通过持续不断地深化改革和扩大开放，建立新的发展方式，形成创新驱动发展、协调平衡发展、人与自然和谐发展、中国经济和世界经济深度融合、全体人民共享发展成果的发展新格局。

推动经济转型升级，形成发展新格局，需要从供给和需求这两侧采取综合措施，在适度扩大总需求的同时，着力加强供给侧结构性改革，转变发展方式，促进经济转型。我国经济发展正处于"三期叠加"的历史性转折阶段，摆在面前的既有周期性、总量性问题，但更突出的是结构性问题。在供给与需求这对主要矛盾体中，当前矛盾的主要方面是在供给侧。比如，在传统的增长动力趋弱的同时，新的增长动力尚难以支撑中高速增长；产业结构资源密集型特征明显，对生态环境不够友好；要素在空间上的流动还不够顺畅，制约了城乡、区域协调发展；对外经济体制不能完全适应国际贸易投资规则变化的新趋势等。因此，去年以来，中央大力推进供给侧结构性改革，重点落实"三去一降一补"五大任务，用改革的办法推进结构调整，提高供给结构对需求结构变化的适应性，努力提升经济发展的质量和效益。"十三五"规划亦把供给侧结构性改革作为重大战略和主线，旨在通过转变政府职能、发展混合所有制经济、增强市场的统一性和开放性、健全经济监管体系等，促进资源得到更合理的配置和更高效的利用，提高生产效率，优化供给结构，为形成发展新格局奠定坚实的物质基础。当然，这里要强调的是，注重供给侧结构性改革，并非不要进行需求管理。我们还将采取完善收入分配格局、健全公共服务体制等措施，推动社会实现公平、正义，并为国内需求的增长提供强力支撑，使需求和供给在更高水平上实现良性互动。

当前，国务院发展研究中心正在按照中央的要求和部署，积极推进国家高端智库建设的试点工作，努力打造世界一流的中国特色新型智库。作为直接为党中央、国务院提供决策咨询服务的高端智库，我们将坚持"唯真求实、守正出新"的价值理念，扎实做好政策研究、政策解读、政策评估、国际交流与合作等四位一体的工作，为促进中国经济转型升级及迈向中高端水平、实现全面建成小康社会的宏伟目标做出应有的贡献。

这套"国务院发展研究中心研究丛书2016"，集中反映了过去一年我们的主要研究成果，包括19种（20册）著作。其中：《新兴大国的竞争力升级战略》（上、下册）和《从"数量追赶"到"质量追赶"》是中心的重大研究课题报告；《新形势下完善宏观调控理论与机制研究》《区域协同发展：机制与政策》等9部著作，是中心各研究部（所）的重点研究课题报告；还有8部著作是中心资深专家学者或青年研究人员的优秀招标研究课题报告。

"国务院发展研究中心研究丛书"自2010年首次面世至今，已是连续第七年出版。七年来，我们获得了广大读者的认可与厚爱，也受到中央和地方各级领导同志的肯定和鼓励。我们对此表示衷心感谢。同时，真诚欢迎各界读者一如既往地关心、支持、帮助我们，对这套丛书以及我们的工作不吝批评指正，使我们在建设国家高端智库、服务中央决策和工作大局、推动经济发展和社会进步的道路上，走得更稳、更快、更好。

国务院发展研究中心主任、研究员

2016 年 8 月

# 目 录

# 人力资源优化配置潜力巨大

自 2012 年起，我国经济增长速度出现了明显的"台阶式"下降，从以前的 10% 左右下降到 7% 左右的中高速平台上。经济增速下降是多种原因综合作用的结果，其中劳动力增长速度放缓，劳动年龄人口总量开始下降，是重要原因之一。事实上从 2012 年起，我国劳动年龄人口即开始进入下降通道。2012 年我国 15～59 岁人口总量比上年减少了 345 万人，2014 年和 2015 年又分别减少了 518 万和 435 万人。劳动年龄人口减少不仅直接加剧"招工难"问题，也进一步抬升了劳动力工资水平，削弱了我国传统的低成本竞争优势。劳动年龄人口减少，加上资源环境压力不断加大，也进一步说明我国传统的规模扩张型增长模式已经难以为继，必须转到以效率提升为主的质量效益型增长模式上来。

尽管劳动年龄人口总量下降，但我国是人力资源大国，而且仍然存在诸多阻碍和约束人力资源配置的障碍，通过进一步深化改革，促进人力资本积累和人力资源优化配置，还有很大的效率提升空间。

优化人力资源配置就是促使人力资源向最优配置提升的过程。人力资源的最优配置可以从多个方面来理解，例如，从经济方面看，最优配置是在其他条件不变的情况下，也就是生产技术、资本存量和资源环境保障不变的情况下，使经济总产出（GDP）达到最大情况下的人力资源配置；从社会方面看，人力资源的最优配置还应包括人的兴趣与工作岗位相匹配等更多内容。本文主要从经济方面考察人力资源的优化配置。从时间维度看，人力资源的优化配置又分为静态和动态两个方面。静态的优化配置是短期内，在人力资源的总量和结构一定的情况下，如何进行重新配置；而动态的优化配置还包括如何对人力资源进行教育和培训，使人力资源的供给符合不断变化的社会总需求。

## 一、我国人力资源配置存在很大的优化提升潜力

改革开放以后，随着我国人力资源相关制度不断改革完善，人力资源配置效率有了很大提高。例如，我国城镇用工制度从"统包统配"、固定工为主、国有企业为主实现了向打破"铁饭碗"、双向选择、自由流动的转变；对农村劳动力转移也实现了从严格限制到鼓励扶持的重大转变；城镇职工和城乡居民社会保障体系的建设进一步增进了劳动力市场的公平性、流动性和可持续性。另外，中国教育人才培养对劳动力市场需求的适应性不断增强。这些改革极大地提高了人力资源配置效率。

但由于长期的劳动力市场分割和制度障碍，我国还没有把人力资源合理地配置到经济社会中需要的各个领域中去，仍然存在着较严重的人力资源错配问题，人力资源的错配主要表现在以下几方面：

一是人力资源的城乡配置仍然需要改进。由于城乡分割的户籍制度、土地制度等使得农村劳动力转移仍然不够充分，农业劳动力比重

相对较高，特别是转移劳动力并没有真正融入城市，劳动力的城乡流动仍表现出潮汐式和候鸟式的特点，转移劳动力就业质量较低，不利于提高农村和城市的生产效率。

二是人力资源的行业间配置仍然不够合理。我国制造业从业人员数量多，但不少是稳定性较差的转移劳动力，高素质人才比重明显偏低。另外，部分垄断性行业和机关事业单位吸引了大量高素质劳动力，高端人才的配置不够优化。

三是人力资源的区域配置不够优化。不同地区的劳动力利用效率有很大差别，一些地区劳动力供不应求，而另一些地区就业压力较大，另外还存在高素质人才在地区间不均衡分布的问题。

四是人力资源在财政供养和国有部门的配置存在较多的问题。一些国有企业的劳动力使用效率较低，存在着职工"能进不能出、五个人干三个人的活、人浮于事、效率低下"的情况。同样，部分财政供养部门存在用人过多、效率低下的情况。

五是从动态角度看，教育和培训质量有待提高，人力资源供应结构与需求结构不相匹配。我国教育培养的人才还不能完全适应劳动力市场的规模、结构和质量要求，存在人力资本整体水平不高、教育投资水平偏低、基础教育的公平性不足、高等教育存在局部的过度教育、技术技能型人才短缺、教育人才培养质量整体不高、人才培养结构不尽合理等问题。

## 二、优化人力资源配置可以显著提高生产率

虽然最理想的人力资源配置是不可能实际达到的，因此通过优化人力资源配置究竟对生产率有多大的提升效果也无法实际证实，但经

济学家根据模型和实际数据做了重要的模拟分析，一些实证研究发现，要素重置对全要素生产率具有重要影响。例如，Hsieh 和 Klenow（2009）根据中国、印度和美国制造业企业的数据发现，假如资本和劳动力可以完全自由化流动并达到最佳配置状态，那么美国制造业的全要素生产率可以提升30%～43%，中国可以提升86%～115%，印度可以提升100%～128%。如果达不到最佳配置，但能达到美国这个标杆的配置的话，中国全要素生产率也可提升30%～50%，印度全要素生产率可增加40%～60%。

本书基于劳动力微观调查数据，测算了不考虑资本流动而仅仅考虑人力资源优化配置情况下对生产效率的提升作用。根据测算结果，如果促进劳动力市场的灵活性，消除人力资源在地区间、行业和所有制间的配置障碍，可以在不增加其他投入的情况下使 GDP 提高8.0个百分点左右。这其中，主要的改进空间来源于行业和地区配置，其中行业间优化配置可使 GDP 提高3.14%，地区间优化配置可使 GDP 提高4.97%，不同所有制间的配置效率较小，只有0.04个百分点。

除了在不同部门的优化配置外，进一步提高就业质量，包括提高就业岗位的保障程度和就业的稳定性也可以进一步提高生产率。根据测算结果，如果平均工作年限提高1年，例如从6年提高到7年，可使人力资本水平提高3.5%左右，可使 GDP 提高2.4%左右。

## 三、进一步优化人力资源配置的政策建议

根据本研究，我国劳动力的普遍受教育水平、就业岗位的保障程度、就业的稳定性，以及人力资源在地区间、行业间的配置，还存在

很大的优化空间，这些方面的提升可以有效地提高生产率。为此，"十三五"期间，要重点推进几个方面的改革。

**（一）修改完善相关法规，加快社会保障统筹，增强劳动力市场灵活性**

一是加快完善劳动法规，提高社会保障统筹层次，进一步提高劳动力市场灵活性。随着中国进入"新常态"，产业结构之间呈现出明显的再平衡和再调整过程，不少传统行业发展潜力下降就业减少，而一大批新兴行业在蓬勃发展。经济形势和结构的快速调整要求劳动力市场更加灵活，一些相关劳动法规需要适应新的形势进行调整。比如，在新《劳动法》中，要求对"连续订立二次固定期限劳动合同，且劳动者没有其他情形，再续订劳动合同，应当订立无固定期限劳动合同"。在当前产业结构调整较快的情形下，约束了企业用人的灵活性，反而不利于增加就业。

二是加快社会保障的全国性统筹，方便劳动者的社会保障区域间转移接续。在当前进入新常态，各地区就业状态明显差别的情况下，积极推进社会保障的全国统筹，可以更有利于劳动者在各个地区的流动，可以更好地平衡各地区就业压力，发挥就业潜力，具有非常紧迫的意义。

三是要消除就业岗位在区域间、行业间和不同所有制单位之间的障碍。要严格禁止各种就业歧视和限制准入现象，特别是消除财政供养人员和国有部门在人力资源选聘和流动方面的公开透明。

四是发展人力资源服务产业，加强劳动资源服务。通过发展市场化的服务产业，进一步加强就业和人力资源配置信息的双向流通，提高劳动力市场的有效性，促进劳动力市场灵活性。

**（二）推进转移人口市民化，促进企业年金建设等，提高就业稳定性**

一是要推进转移人口市民化进程，提高就业稳定性。要通过促进转移人口在城市定居落户，使转移人口的工作地与稳定居住地相匹配，打消转移劳动力不能长期工作的顾虑，提高在工作地稳定和长期居住的意愿，从而提高就业的稳定性。

二是要鼓励建立企业年金，通过将职工待遇和在企业服务时间挂钩，吸引劳动力在企业里长期工作，促进人力资本和企业知识及诀窍的积累。

三是加大依法强制参保的要求，特别是推进灵活就业岗位的参保工作。显著提高就业岗位的社会保障水平，让劳动者无论在什么岗位上都可以安心工作、稳定工作。虽然目前我国基本实现了社会保障的全覆盖，但仍然存在较大的城乡差距，突出表现在农村劳动力和城镇非正规就业的保障水平很低，一些企业和劳动者本人参加职工养老和职工医疗等较高水平保障的意愿不足，给更长期的社会稳定带来了隐患，也不利于个人的就业保护。

**（三）全面加快各种教育和培训领域的改革，提高人力资源适应需求的能力**

人力资本对经济增长发挥更大贡，献需教育投资和人力资本的有效配置。教育规模、结构和质量要适应劳动力市场的规模、结构和质量要求，并不断进行调整。当前，在劳动力供应格局出现明显变化的同时，经济社会的转型升级要求提供更有创造力的人力资本。技术进步和产业升级对劳动者素质提出了更高的要求，而我国的人力资本开发水平有待进一步提升，特别是学校教育和在职教育都远不能适应不断变化的劳动力市场需求。

从政策上，要加快高等教育改革力度，提高教育质量和创新能力，强化技术性人才、职业技能人才的培养，提高人力资源适应经济结构调整的能力。建设创新强国，实现创新驱动转变，从根本上需要更多、更高创新能力的高素质人才以及更多、更好的技能型人才，深化教育体制改革，真正导向素质教育，同时建立起重视技术人才、有利于培育技能型人才的良好氛围。

**（四）促进政府职能转变，深化相关改革，优化财政供养人员配置**

促进政府职能转变，推进国家治理体系和能力现代化。加快推进事业单位改革和社会组织管理改革。深入推进事业单位分类改革，推动行业协会商会与行政机关脱钩。压缩财政供养编制，优化机关单位岗位设置。

扎实做好就业配置工作，深化人事制度改革，继续加强人才队伍建设。坚持就业导向，解决机关事业单位结构性就业矛盾。要推进收入分配制度改革以及机关事业单位社会保障改革，调动财政供养人员积极性。

执笔人：毕革新　许召元

第一章

# 我国人力资源配置的总体情况

● 回顾我国人力资源配置制度的变迁，其核心是通过破除种种制度障碍，促进劳动力在不同部门、地域之间自由流动，提高资源的配置效率。

● 劳动保障制度的完善使得劳动者权益能得到更好的保护，促进人力资本的积累。

● 但我国的人力资源也正面临着结构性的矛盾和挑战，老龄化正进一步加剧、经济新常态下人力资源需求出现结构性变化，人力资源开发面临新情况，需要进一步提高人力资源配置的公平性、流动性和可持续性。

社会经济的核心问题是如何提高资源配置的效率以促进国民财富的持续增长。同物质资本一样，人力资本是推动经济增长的重要投入要素，人力资源配置主要是从产出最大化的角度出发，以制度和经济的角度研究如何实现人力资本在国民经济各产业、空间上的有效利用和合理配置。

# 一、我国人力资源配置的制度演变

## （一）新中国成立后我国形成了"统包统配"的招工制度和以固定工为主的用工制度

新中国成立初期，为了应对当时复杂的国际环境以及尽快实现赶超式的发展，我国试图尽快建立自己的工业体系，选择了优先发展重工业的经济战略。而在一个积贫积弱的国家实行重工业优先发展的策略，使得我们在经济组织方式上必然要更多地依赖于计划经济体制，在劳动用工领域也不例外，随着50年代一系列政策的出台，逐步将劳动力管理纳入国家计划，城市工商业部门雇佣劳动力都需要取得用工指标，不得自行从社会上招工，也不得随意裁退正式员工，城市中每年的新增劳动力的就业也由国家统一安排，形成了"统包统配"的招工制度和以固定工为主的用工制度。这一制度下，优质劳动力迅速集中到重点生产部门，适应了当时重工业优先发展的战略，培养了一批技术骨干。但劳动者和企业、事业单位都丧失了自主权，单位经常面对"想要的人得不到，不想要的人硬往里塞"的情况，劳动者也难以自主选择单位，用人单位很难辞退劳动者，也降低了劳动者的积极性，僵化的用人制度影响了劳动力配置的效率。

与这种"统包统配"相适应的是一套完善的与就业紧密挂钩的社会福利制度。政府为城镇就业人员提供了全面的社会福利，不但为职工个人提供医疗、养老、生育等各种保障，甚至还为直系亲属提供半公费医疗及死亡时的丧葬补助等，此外还提供几乎免费的子女教育、住房等。但新中国成立之初，我国90%的人口都生活在农村，农村人口不在这一"统包统配"的劳动力管理制度下，社会保障水平也远远低于城市，存在城乡严重的二元对立。大量的农业剩余劳动力希望能在城市谋得职业。为了防止大量人口涌入城市，严格的户籍管理政策因此逐渐形成。1957 年 12 月 13 日国务院《关于各单位从农村招用临时工的暂行规定》明确宣布：城市"各单位一律不得私自到农村中招工和私自录用盲目流入城市的农民"，甚至连"招用临时工"也"必须尽量在当地城镇招用，不足的时候，才可以从农村中招用"。政府严格控制每年的"农转非"的指标，农民只有通过当兵、上学等非常有限的渠道才有可能转为城镇户籍。在重工业优先的经济发展策略和城乡分割的户籍制度、劳动就业制度、社会保障制度下，我国的城市化率仅从 1960 年的 16.2% 提高到 1978 年的 18.6%。可以说，这一时期，如何迅速凝聚资源和力量以建成门类齐全的工业体系，是经济建设的首要任务，为了实现资源在城市工业部门的集聚，我们在建立保障完备的城市劳动用工制度的同时采取了严格的户籍管理政策，将城镇户口、社会保障和就业紧密地捆绑在一起，形成了城乡分割的就业和社会保障体系，严重束缚了经济的进一步发展。

**（二）改革开放后，对人口流动的限制逐步放松极大提高了劳动力资源的配置效率**

1978 年后，随着农村地区实行家庭联产承包责任制，大量的农村劳动力从土地上解放出来，同时，城镇户籍制度有了松动，农业人口向非农产业的转移极大提高了劳动力资源的配置效率。1984 年 10 月《国务院关于农民进镇落户问题的通知》出台，允许农民"自理口粮"在"除县城外的各类县镇、乡镇、集镇"落户。1985 年公安部出台的

《关于城镇暂住人口管理规定》，以办理"暂住证"的形式从客观上为流动人口在城市居住提供了行政保障和认可。而到了90年代，一方面由于经济结构调整和治理整顿，乡镇企业发展受到很大冲击，农村劳动力就地转移遇到了很大困难；另一方面城市的经济改革速度加快，沿海开放地区的劳动密集型加工制造业迅速发展，产生了大量对劳动力的需求，人口流动有了更大规模的增长，再加上90年代中后期国有企业改革深入，城镇劳动力市场也发生了巨大的变化，城镇下岗职工再就业的压力骤增。面对复杂的局面，这一时期，政策一方面强调防止农民工的盲目流动，引导农民工有序流入城市，另一方面政府对户籍迁移制度中严格控制农村人迁往城镇的迁移政策进一步做出了调整，逐步放开了小城镇的落户限制。

2000年以后，国家相继取消了对农民进城的各种不合理限制，2001年国家计委取消对进城农民工收取的赞助费、暂住人口管理费、计划生育管理费、城市增容费、外地务工经商人员管理费和外地建筑企业管理费，2003年废除收容遣返制度。2008年之后逐步放宽中小城市落户条件，出台多种政策进一步剥离附着在户口上的不公平福利制度，逐步将农民工统一纳入本地各项社会管理制度，促进住房租购、医疗卫生、子女教育、社会保障等基本公共服务均等化。

从我国城镇就业和三次产业的就业人数看，城镇就业人数从1978年以来一直保持了快速增加，从1978年的9500万增加到2014年的4个亿，其中主要是农业劳动力转移到城镇带来的。农业劳动力从20世纪80年代后期以来就不再随着劳动年龄人口的增长而增长，而进入21世纪以来，更是呈现出连年下降的趋势，二、三产业则呈现明显上升。近些年在非农部门中呈现出第三产业增长迅速、第二产业收缩的态势，显示劳动力的配置结构有了新的变化。见图1-1。

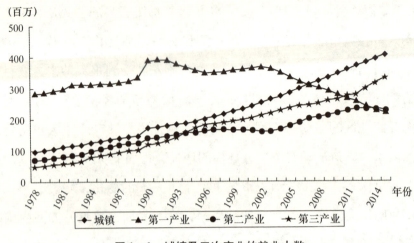

图1-1　城镇及三次产业的就业人数

资料来源：Wind 资讯。

## （三）国企改革推动了城镇劳动力市场的变革

随着改革开放的深入、非公有制经济的迅速发展，公有经济面临的市场竞争日益激烈，再加上公有制经济本身存在的生产效率低下、企业冗员严重、社会负担沉重等问题，改革公有制经济的用工制度也成为一个必然的结果。20 世纪 80 年代初，国有企业改革以放权让利为主要模式，企业在使用劳动力方面自主权扩大，企业管理者开始具有筛选、解雇职工的合法权，也有权根据企业效益和职工的表现决定和调整工资水平。1996 年起，国有、集体企业开始实施"减员增效"，在企业中产生了大批需要安置的富余人员。1998 年，国有大中型企业部分职工陆续地强制性下岗，从 1998 年开始的七年间，国企裁员累加近三千万人。国有企业的改革打破了"铁饭碗"，改变了城镇居民就业的结构，大量城镇劳动力流入非公有制单位，股份合作、联营、有限责任、股份有限、港澳台商、外商投资、个体私营企业以及个体工商户等新兴经济形态迅速发展并吸纳了大量就业人员，劳动力素质也有了极大的提升，一个"统一、开放、竞争、有序"的城市劳动力市场逐步建立起来了。

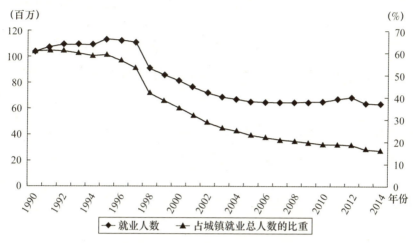

**图1-2　城镇国有单位就业人数及其占城镇就业总人数的比重**
资料来源：Wind资讯。

同时，为了配合国有企业的改革，城镇职工社会保障体系也得到完善和发展。1984年，国家在全民和集体所有制企业开始养老统筹的试点，1991年，国务院发布了《国务院关于企业职工养老保险制度改革的决定》规定：随着经济的发展，逐步建立起基本养老保险与企业补充养老保险和职工个人储蓄性养老保险相结合的制度。此后，医疗、工伤、失业、生育保险制度也逐步完善，既减轻了国有企业的负担，也解除了劳动者的后顾之忧，使得他们能够更加自由地选择就业单位。

一系列的改革，一方面通过破除种种制度障碍，促进劳动力在不同部门、地域之间自由流动；另一方面，劳动保障制度进一步完善，使得劳动者权益能得到基本的保护，增强了劳动力市场的公平性、流动性和可持续性，促进了我国劳动力市场的发育成熟。

## 二、我国人力资源配置的特点

### （一）就业水平较为稳定，但结构性矛盾比较突出

尽管这几年经济增速下降，但新增就业一直保持高位，调查失业率从 2013 年以来一直维持在 5% ~ 5.2% 的区间。从全国各大城市职业介绍机构反映的城市劳动力供求比例来看，从 2010 年以来一直保持着上升的势头，并持续大于 1，显示劳动力需求高于劳动力供给。见图 1 - 3。

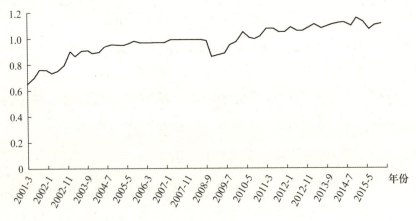

**图 1 - 3　城市劳动力供求比例（2001 ~ 2015 年）**

资料来源：Wind 资讯。

但就业领域仍然面对一些突出的矛盾，"招工难"与"就业难"问题并存。"民工荒"现象已由东南沿海向内地省份扩散，制造业、生活服务业中的一些低端劳动密集型行业纷纷面临招人难、用人难、留人难的问题。另一方面，大学生就业难的现象仍然存在，2015 年高校毕业生总人数为 749 万人，又创了历史新高。高校毕业生初次就业率虽然都保持在 70% 以上，但就业质量不高，专业与岗位不匹配的现象较为普遍。而且，从部分城市公共就业服务机构反映的劳动力市场

岗位空缺与求职人数比率来看，2008 年年初，各种教育程度间的差异不大，但之后呈明显的分化趋势。在经过 2008 年劳动力市场严重供大于求的状况后，初中及以下、高中、职高、技校、中专学历者的供求比明显改善，供求人数基本平衡，甚至出现求大于供的情况。但大专、大学及以上学历者仍明显供大于求，与中低学历者的差距明显。虽然这一数据只能反映部分城市公共就业服务机构的情况，但还是从一个侧面反映了不同受教育程度人口的求职状况。

**（二）劳动力市场的开放性有所增强，但劳动力跨部门和区域流动的壁垒依然存在，二元劳动力市场的分割损害了劳动力资源配置效率**

改革开放之后，劳动力市场的开放性明显增强，农村剩余劳动力大量进入城镇和发达地区，有效提高了劳动力的配置效率，但同时由于劳动保障制度改革的相对滞后，次级劳动力市场的迅速扩张是我国改革开放之后劳动力市场发展的重要特征。一级劳动力市场里的劳动者劳动保障较为健全，而次级劳动力市场中的劳动者缺乏必要的劳动保护和就业福利。而且这种二元分割的制度使得劳动者很难从次级劳动力市场进入一级劳动力市场，而且劳动者的跨区域流动也存在障碍，表现为经济集聚和劳动力集聚不匹配，收入差距较大。近些年，随着城镇化加快，国有企业和事业单位的改革以及劳动保障制度的完善，劳动力在区域间、公有部门和私人部门之间流动的灵活性有所提高，但劳动力流动的壁垒仍然存在。

从区域看，从 2003 年收容遣返制度被废止之后，尽管不能对外地劳动者采取行政强制手段，但一些特大城市对于外来人口仍有明确的排斥性政策，我国沿海发达地区和大城市对人口的吸纳总体不足。如果以区域经济人口分布协调偏离度指数来衡量，有数据的 16 个发达国家的经济人口分布多数属于非常协调和协调状态（指数 <0.4），即一个地区经济占全国 GDP 的比重与人口占全国人口的比重基本一致，而两个发展中国家——巴西和印度属于较不协调状态（>0.4 但明显 <0.55），我国则接近于不协调状态（接近0.55），发达地区经济占比高而相对的人口集聚还不足①。城乡之间的收入差距仍很明显，2015 年城镇居民人均收入和农村居民人均收入之比尽管比 2008 年的 3.3 倍有所下降，但仍达到了 2.73 倍。外出农民工的月工资在 2015 年年底已经达到了 3072 元，是 2009 年年末的 1417 元的 2.17 倍，但农民工与城镇就业人员平均工资的差异仍然较大，2014 年农民工的年平均工资为 33225 元，仅为城镇就业人员年平均工资 49969 元的 66%。近两年，虽然农民工收入的增幅仍高于社会平均水平，但追赶速度明显放慢。如果再考虑到农民工在社会保险、工作时间和强度等方面的不利地位，这种待遇的差距就更为明显。

总体而言，劳动力市场的壁垒仍然存在，一旦农村青年进入了次级劳动力市场，就很难上升到一级劳动力市场。一方面是企业对于劳动力的使用方式粗暴，农民工通常需要进行超长时间的体力劳动，且收入微薄，无力进行人力资本的积累。另一方面，职业教育等相关的公共服务也较为缺失。农民工凭借自身力量很难实现向上的社会流动。例如，最近不少城市在实行的居住证转户籍制度，也通常对于学历和职称有要求。而且与老一代农民工不但要通过打工满足个人的生存需求，还往往承担着供养其他家庭成员的责任不同，新一代的农民工家庭负担较轻，甚至家庭还可以承担青年高等教育投入、求职成本、

---

① 贡森、苏杨等：《民生为向：推进包容性增长的社会政策研究》，社科文献出版社 2011 年版，第 77~93 页。

待业成本等进入城镇一级劳动市场的门槛成本。因此，尽管有些城市农民工的薪酬水平与大学毕业生的起薪接近甚至更高，部分青年劳动力也宁可失业都不愿进入农民工的传统工作领域。这就造成"民工荒"和"大学生就业难"的同时出现。可以说，二元劳动力市场的分割造成了劳动力市场的扭曲，损害了劳动力配置效率的提高。

**（三）劳动者受教育水平有了明显提升，但人力资本积累的机制不畅**

从教育结构上看，劳动力的教育结构也发生了巨大转变。我国初中毕业生的升学率在 2000 年只有 51%，而在 2009 年却已经达到了 86%，高中毕业生的升学率也由 1998 年的 46% 上升为 2009 年的 77.6%。计生委 2010 年一项十城市流动人口调查也显示，劳动年龄流动人口中大学生流动人口（大专及以上受教育程度）比例较高，达到 10.4%。从 2005 年和 2010 年两次人口调查的数据看，青年劳动力的受教育程度明显上升，20～24 岁组大学本科及以上的人口由 5.64% 上升为 11.58%，而初中以下的比重则由 67.35% 降低为 53.93%。

但与此同时，技术工人匮乏和职业技能不足也一直是制约我国转变经济发展方式的重要因素。而这与我国教育培训体系的不完善以及劳动力市场不规范、劳动者人力资本积累的渠道不畅有关。第一，我国的教育事业已取得重要的进展。2008 年，全国普及九年义务教育地区人口覆盖率超过 99%，义务教育阶段在校学生达到 15916 万人。但教育的质量和公平性仍有待提高，特别是职业教育的发展相对落后，职业教育在整个教育体系中的地位没有得到充分的认可，职业教育的生均财政投入远远低于同期普通教育的投入，导致了"低资源、低投入、低专业、无特色、同质化"的发展，使得现有人才培养结构、类型、数量都与需求不匹配。第二，劳动者接受培训的比例很低。根据 2014 年中国民生指数调查的数据，在 29308 个被访者中，过去一年仅有 40% 的人参加过职业培训，而且教育程度越低的人接受培训的比例越低，初中文化程度的人只有 21% 接受过培训，而高中、中专或技校的毕业生也只有 37%。第三，劳动者超时劳动的现象非常普遍。《劳动法》规定："国家实行劳动者每日工作时间不超过 8 小时、平均每周工作时间不超过 44 小时的工时制度。"但根据 2010 年普查的数据，每周工作 48 小时或 48 小时以上的人占 47% 以上。其中住宿和餐饮业、建筑业和制造业这一比例更是达到了 63.8%、63.7% 和 60.8%。超时劳动普遍存在使得劳动者难以有足够的时间休闲、学习以及照顾家庭，也制约了人力资本积累。第四，由于在次级劳动力市场上，企业和劳动者之间的雇佣极其不稳定，就业的稳定性差，一部分人将此作为劳动力市场灵活性强的标志，但事实上劳动者流动性过大严重损害了劳动者技能的积累。企业不愿意投资于劳动者培训，劳动者也难以获得职业上升的通道。

表 1—1　　　　　　　　　教育程度和职业培训　　　　　　　　单位:%

| 教育程度 | 您最近 1 年是否参加过职业培训 | | 合　计 |
|---|---|---|---|
| | 是 | 否 | |
| 不识字或识字很少 | 6.9 | 93.1 | 100.0 |
| 小　学 | 11.1 | 88.9 | 100.0 |
| 初　中 | 21.1 | 78.9 | 100.0 |
| 高中、中专或技校 | 37.1 | 62.9 | 100.0 |
| 大学专科 | 56.1 | 43.9 | 100.0 |
| 本　科 | 64.4 | 35.6 | 100.0 |
| 硕士或博士研究生 | 64.6 | 35.4 | 100.0 |
| 合　计 | 40.4 | 59.6 | 100.0 |

资料来源：中国民生调查 2014。

## 三、我国人力资源配置将面临的挑战

### (一) 劳动力供给格局正在从总量过剩向结构性矛盾转变

#### 1. 劳动力总量在下降

我国的劳动年龄人口在几十年内都保持了持续增长的趋势，1990 年我国 15～64 岁的劳动年龄人口只有 7.6 亿，2013 年我国 15～64 岁的劳动年龄人口达到 10.06 亿的峰值，劳动年龄人口所占比重也从 1990 年的 66.7% 上升到 2010 年 74.53% 的峰值。劳动年龄人口和比例的增长是中国经济发展的"人口红利"，但这一趋势正在发生变化。国家统计局数据显示，2014 年我国 15～64 岁的劳动年龄人口比上一年减少了 113 万，而 2015 年继续下降了 108 万。详见图 1－4。

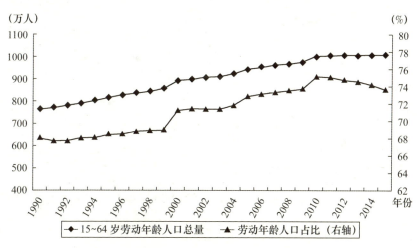

**图 1－4 劳动年龄人口数量及比重 (1990～2014 年)**

资料来源：Wind 资讯。

#### 2. 劳动力正在快速老化

在劳动力总量缩减的同时，我国劳动力也在快速老化，即大龄劳动力①的比重越来越高，年轻劳动力的比重在下降。从最为活跃的 20 ~45 岁劳动力占 15 ~64 岁人口的比例看，2000 年我国为 61%，高于世界平均水平 2 个百分点，高于发达国家平均水平 7 个百分点，但到 2020 年将降至 51%，与美国的水平持平，到 2030 年将与发达国家 49% 的平均水平持平，虽高于欧洲和日本，但低于美国，而到 2040 年将会低于发达国家的平均水平。见图 1 - 5。通常而言，这种变化对经济发展是不利的。大龄劳动力的生理和智力都会出现一定衰退，创新精神相对缺乏，较难适应技术进步和产业结构调整带来的劳动力新要求。这尤其会对严重依赖年轻劳动力的产业（如制造业）带来较大冲击，从而在整体上影响一个经济体的发展。

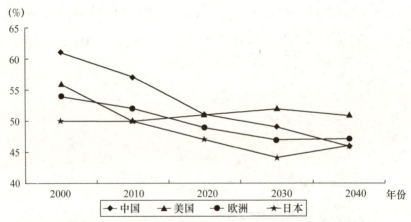

图 1 - 5　部分国家和地区 20 ~45 岁人口占 15 ~64 岁劳动年龄人口的比例
资料来源：联合国人口预测。

### 3. 总体劳动参与率不低，但部分群体偏低并存在下降的趋势

我国的总体劳动参与率自 2000 年以后有下降趋势，从 1999 年的 85.48% 下降到了 2012 年的 78.58%。相比其他国家，这个参与率并不算低。与此同时，城镇本地（户籍）劳动力参与率不仅比总体劳动参

———————

① 本文不对大龄劳动力的年龄范围作明确界定，但一般是指 45 岁及以上的劳动力。

与率低，而且大幅下降，目前稳定在 62% ~ 64% 的水平。而其中，城镇 50 ~ 59 岁劳动力的参与率下降更为显著。特别值得注意的是，城镇女性劳动力在 55 岁时的劳动参与率只有约 20%。国际比较表明，我国城镇劳动力退出劳动力时长的时间要明显早于其他国家。

### （二）经济新常态下人力资源需求出现结构性变化

#### 1. 产业结构迅速调整对人力资源的行业配置提出新要求

服务业比重超过第二产业并且持续提升。长期以来，中国的第二产业比重较高，服务业比重低，"十二五"期间，产业结构升级有了明显进展。2010 年，中国三产比重为9.6%：46.2%：44.2%，第三产业低于第二产业 2 个百分点，到 2012 年，第三产业比重达到45.5%，超过第二产业比重 0.5 个百分点。2015 年，第三产业比重达到50.5%，比 2014 年再提高 5 个百分点，第三产业比重已经超过第二产业比重 10 个百分点。

工业内部高新技术产业增长加快而产能过剩行业增长缓慢甚至负增长。"十二五"期间以来，我国出现了新一轮大范围产能过剩现象，不仅是传统的重化工业，比如钢铁、水泥、玻璃、有色金属、船舶等，一些新兴产业也出现产能过剩，比如光伏、风电、新能源汽车等。另外，产能过剩严重程度高，不少行业的产能利用率远远低于正常水平，例如2013 年国务院发展研究中心的调研发现，各地船企大都处于1/3骨干企业生产经营正常、1/3 企业任务不足、1/3 企业生产难以为继的状况。还有是产能过剩化解困难，由于经济增长速度放缓，单纯依靠市场需求扩张来化解过剩需求显得非常艰难，截至 2015 年，产能过剩行业的利用率有进一步的明显下降。

## 2. 不同区域经济增长分化对人力资源地区配置提出新挑战

改革开放以后，特别是 21 世纪以来，我国各个地区发展速度有快有慢，但基本上都得到了较快的发展。进入经济新常态以后，我国地区经济出现显著分化现象，有些地区经济出现前所未有的增速下降。2015 年，各地区经济分化现象加剧，特别是工业领域差别增长速度较大。全年除西藏工业增加值增长速度达到 14.6% 以外，多数地区的工业增长速度在 8% 左右，还有不少地方增长速度仅在零增长甚至负增长的水平（见图 1-6），这与"十二五"前两年各地方经济增速普遍较高的趋势形成了鲜明的对比。

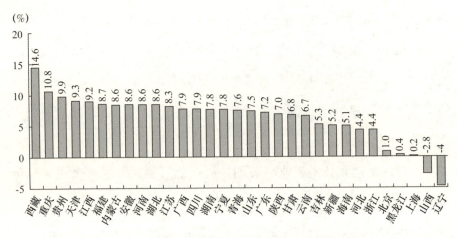

**图 1-6　2015 年我国各省区市工业增加值增长速度**

资料来源：Wind 资讯。

地区经济分化带来各地区就业压力的显著差别。根据 2015 年国务院发展研究中心民生指数调查的结果，各区域之间就业情况呈显著分化态势。其中，东部地区保持了良好的就业状况。2015 年，东部地区平均失业率在 4% 左右，北京、上海、江苏、浙江、山东、广东等省市的失业率仅在 3% 左右。中部地区就业形势也较好，平均失业率在 5% 左右，其中安徽和湖北省的失业率在 3% 左右。西部地区平均失业率在6%左右，但内部差异较大，其中既有新疆、西藏、青海等失业率较低的省份，也有贵州、重庆、陕西等失业率较高的省份。东北地区平均失业率最高，达10%左右。

表1-2　　　2015年我国四个地区电话调查样本失业率的比较①

|  | 城镇总样本数（个） | 其中：失业人数（万人） | 调查失业率（%） |
|---|---|---|---|
| 东　部 | 11875 | 328 | 3.9 |
| 东　北 | 2821 | 188 | 10.2 |
| 中　部 | 6863 | 258 | 5.0 |
| 西　部 | 11242 | 553 | 6.3 |
| 全　国 | 32801 | 1327 | 5.5 |

资料来源：2015中国民生指数研究电话调查，简单加总，没有进行加权调整。

### （三）人力资本开发面临更多挑战

**1. 技术进步和产业升级对人力资源开发提出了更高的要求**

技术进步和产业升级带来了资本有机构成的提高和劳动内容的改变，而且变化的节奏在加速，这对人力资源的开发和积累提出了更高的要求。一些传统的产业和技术会被逐步淘汰，许多企业开始经历从低端制造到中高端制造的转型，旧的技术和劳动经验难以适应新形势的要求。在落后产能淘汰压力较大的行业，转移出的劳动力需要进行技能和知识的更新才能寻找到新的工作机会。很多行业加大了对数字化、自动化装备的引进和使用，机器替代人的趋势明显。高端服务业尤其是知识密集型产业、知识人才密集型产业，对劳动者的专业能力

---

① 说明：东部包括北京、天津、河北、上海、江苏、浙江、福建、山东、广东和海南共10个省区市，东北包括黑龙江、辽宁和吉林省，中部包括山西、安徽、江西、河南、湖北和湖南共6个省，西部包括内蒙古、广西、重庆、四川、贵州、云南、西藏、陕西、甘肃、青海、宁夏和新疆共12个省区市。

和综合素质都有更高的要求。而各种新产品、新行业、新产业、新业态、新模式的快速发展，也使得劳动者必须适应快速变动的市场需求。这都需要社会在人力资源开发上进行更大的投资。

### 2. 人力资源开发水平有待进一步提升

当前，我国无论是学校教育还是在职教育都远不能适应不断变化的劳动力市场需求，对劳动者长期发展的保护不足也制约了人力资源积累和开发的水平。过去三十年的发展中，我国有丰富的劳动力资源，但大部分农民工人力资本的水平不高。这是多种原因造成的：农民工通常需要进行超长时间的体力劳动，且收入微薄，缺乏时间、经济能力和意识进行人力资本的投资；职业教育等相关的公共服务也较为缺失；企业过去一直以低端劳动密集型制造业为主，没有太多提高员工技能水平的动力，而且劳动力市场的高流动性也阻碍了企业的相关投资。随着农民工平均年龄的增加，再进行人力资本投资的效果已经大打折扣。而对于新生代农民工而言，相关的不利因素也没有根本性的好转。而我国的学校教育，特别是职业教育等，也存在着教学内容与实践脱节、对学生全面能力和发展潜力的提高作用有限等问题。因此，未来人力资源的开发需要整个劳动力市场资源配置方式的进一步合理化，从而保障劳动者人力资本积累与企业技术进步和产品升级的良性循环。

执笔人：张冰子

**参考文献**

[1] 蔡昉. 中国就业增长与结构变化. 社会科学管理与评论, 2007（2）

[2] 侯力. 劳动力流动对人力资本形成与配置的影响. 人口学刊, 2003（6）

[3] 陈赤平, 罗丽, 谭富. 技术创新对中国就业影响的实证研究. 改革与战略, 2012（2）

［4］罗润东．技术进步的劳动要素需求模型．经济评论，2004（5）

［5］刘宏青，颜凌芳．提升中国劳动力要素国际竞争优势的制度创新研究．北京：经济科学出版社，2010

［6］吴江．劳动力资源配置的理论与实践．广州：暨南大学出版社，2010

［7］王林辉．要素贡献和我国经济增长来源识别．北京：经济科学出版社，2010

第二章

# 人力资源的城乡配置

●我国人力资源城乡间配置呈现出劳动力流动规模不断增长、城乡间配置效率逐步改善的特点。

●与国际上其他国家比较，我国劳动力城乡间配置效率依然具有进一步改善的空间。

●目前，我国的户籍制度、公共服务政策以及集体所有制下"三块地一块产"的制度对于劳动力城乡流动造成障碍。

●需要进一步深化土地制度改革、促进"同地同权"，深化农村产权制度改革，赋予农民更多财产权利，推进公共服务均等化、农业转移人口市民化。

在我国经济快速增长的进程中，大量劳动力从农村流向城市，释放了农村剩余劳动力，提高了人力资源配置效率。一方面，外来劳动力进入城市，填补了城市对劳动力的需求缺口，提高了城市经济的活力，有助于提高工业化和城镇化水平；另一方面，农村剩余劳动力转移为推动农业适度规模经营、提升农业机械化水平开辟了空间，提升了农业生产效率，有助于实现农业现代化和农业的可持续发展。

但是，城乡分割的户籍制度、土地制度等相关制度安排使得农村劳动力很难真正融入城市，劳动力的城乡流动仍表现出潮汐式和候鸟式的特点。这不利于优化人力资本在城乡间的配置，也不利于提高农村和城市的生产效率。为此，需要以户籍制度和土地制度改革为突破口，促进城乡融合，提升人力资本在城乡间的配置效率。

## 一、人力资源城乡配置的相关理论

缪尔达尔（Myrdal）于 1957 年提出二元经济结构理论，认为发展中国家区域经济发展中的一个基本特征是地理上的二元经济结构，即发达经济与不发达经济并存的区域结构。生产要素的不完全自由流动，使得不同区域之间发展不平衡，当这种不平衡发展到一定程度时，人均工资水平和利润会出现差距，而在"累积性因果循环"的作用下，产生了马太效应[①]，使得发达地区发展更快，而落后地区就更加落后，形成二元经济区域结构。在各个国家的经济发展过程中，城市与农村是典型的二元经济结构，城市发展的速度相对较快，基本包括所有工业部门和服务业部门，这些部门的特点是以规模经济型产业和服务业为主，工资高、工作环境较好；而农村的发展相对比较落后，以种植业、畜牧业、养殖业等第一产业为主，这些部门的特点是工作时间长、工作强度大、环境相对较为艰苦和工资较低。对于劳动力在城市与农村之间的配置，一般认为城市地区拥有较高的人力资本水平，其教育回报率也比较高（Ciccone 和 Peri，2005）。城市从业者的人力资本水平高主要源于人力资本的外部性特征、雇主与雇员之间的

---

① 马太效应（Matthew Effect）指强者愈强、弱者愈弱的现象。名字来自于圣经《马太福音》一则寓言："凡有的，还要加倍给他多余；没有的，连他所有的也要夺过来。"

更好匹配以及其他机制鼓励城市里的人们更倾向于学习（Bertinelli 和 Zou，2008），而城市促进知识外溢①是人力资本外部性特征的一个重要机制（Henderson，2005）。劳动力在城乡之间的配置是市场机制的结果，同时也是各个国家内部政治体制相关制度相互起作用的结果，如何调配人力资本在城市与农村之间的配置是提高人力资源利用效率的重要一面。

## 二、我国人力资源城乡配置的现状及国际比较

新中国成立后，为了实现赶超目标，需要集中资源推进工业化，在较短时间内建成现代化的工业体系。为服从和服务于这一战略意图，逐步建立起了以统购统销制度、户籍管理制度和人民公社制度为标志的城乡分割的二元体制。1958 年通过的《中华人民共和国户口登记条例》第十条规定："公民由农村迁往城市，必须持有城市劳动部门的录用证明，学校的录取证明，或者城市户口登记机关的准予迁入的证明，向常驻地户口登记机关申请办理迁出手续。"这一规定以法律形式把限制农民迁往城市的制度固定下来。

城乡二元体制的形成、拓展和强化，使我国农业劳动生产率提高缓慢、农业比较劳动生产率持续下降，使农民收入长期难以提高。1952 ~ 1978 年，第一产业占国内生产总值的份额从 50.5% 下降到 28.1%，累计下降22.4 个百分点；同期，第一产业占就业的份额从

---

① 知识溢出效应（Knowledge Spillover Effect）指的是知识的再造，其过程具有连锁效应、模仿效应、竞争效应、带动效应、激励效应。新经济增长理论和新贸易理论都认为，知识溢出和经济增长有着密切的联系。罗默的知识溢出理论认为，知识是追逐利润的厂商进行投资决策的产物，知识不同于普通商品之处在于知识的外溢效应。

83.5%下降到70.5%，累计仅下降13个百分点（国务院发展研究中心农村经济研究部，2014）。

## （一）城乡间劳动力流动规模不断增长

改革开放之后，劳动力相对质优价廉的比较优势使得中国进入了全球化生产链的劳动密集型环节，特别是出口加工型制造业，由此产生了对劳动力的巨大需求，大量农村剩余劳动力进入到城市。在20世纪80年代，劳动力流动仍然受到户籍制度的严格约束。当时，由于经济仍然处于短缺状态，城市居民仍然通过粮票来购买商品粮，因此，农民进城即使找到工作，也必须自带口粮或在城市换取粮票，劳动力流动成本巨大。进入到20世纪90年代，随着"粮票"的取消，"粮食关系"不再成为劳动力流动的制约，劳动力流动的规模迅猛增长。段成荣等（2008）根据历次人口普查（或小普查）的数据发现，1990~1995年间，流动人口增速明显上升（表2-1）。

表2-1　　　　　1982~2005年中国流动人口情况

| 年  份 | 1982 | 1987 | 1990 | 1995 | 2000 |
|---|---|---|---|---|---|
| 流动人口数量（万人） | 657 | 1810 | 2135 | 7073 | 10229 |
| 全国人口数量（万人） | 101654 | 109300 | 114333 | 121121 | 126743 |
| 流动人口占比（%） | 0.65 | 1.66 | 1.87 | 5.84 | 8.07 |

进入21世纪以来，随着户籍制度的放开，尽管城乡分割使得中国的劳动力流动远不是自由和充分的，但在工业化、城市化和全球化的进程中，中国城乡间的劳动力流动仍然大规模地发展起来了（陆铭，2011）。

第一，中国劳动力流动的规模日益扩大。直到20世纪90年代之初，城乡间劳动力流动的规模仍然非常小。随着 20 世纪 90 年代初粮票的废止和相关制度放宽，劳动力转移的规模才日益扩大，截至目前，劳动力流动总规模已经非常庞大。根据国家统计局发布的《2014 年全国农民工监测调查报告》，2014 年全国农民工总量为 27395 万人，比上年增加 501 万人，增长 1.9%。其中，外出农民工 16821 万人，比上年增加 211 万人，增长 1.3%；本地农民工 10574 万人，增加 290 万人，增长 2.8%。见表 2-2。

表 2-2　　　　　　　　　2010~2014 年中国农民工数量　　　　　　　单位：万人

| 年　份 | 2010 | 2011 | 2012 | 2013 | 2014 |
|---|---|---|---|---|---|
| 农民工总量 | 24223 | 25278 | 26261 | 26894 | 27395 |
| 1. 外出农民工 | 15335 | 15863 | 16336 | 16610 | 16821 |
| (1) 住户中外出农民工 | 12264 | 12584 | 12961 | 13085 | 13243 |
| (2) 举家外出农民工 | 3071 | 3279 | 3375 | 3525 | 3578 |
| 2. 本地农民工 | 8888 | 9415 | 9925 | 10284 | 10574 |

第二，劳动力的流向以从内地农村向沿海城市为主。中国工业向沿海地区的集聚伴随着劳动力（主要是农村剩余劳动力）的集聚。基于 2000 年人口普查数据的分析表明，劳动力流动的目的地与 2001 年工业发展较快的省份高度一致（丁金宏、刘振宇、程丹明，2005），长江三角洲的江、浙、沪三省市和珠江三角洲的广东省成为劳动力跨地区流动的主要目的地。

第三，在劳动力流动模式方面，中国的农村到城市的劳动力流动呈现出"候鸟型"的短期流动，而非举家迁移的特点。由于与户籍相关的一系列限制，多数农民工不能融入城市社会中，最终还是回到农村去。在城市，农村来的打工者不能拥有与城市居民同样的权利。他们在就业、社会保障、子女教育等方面均不能享受与城市居民同样的权益，这就大大地增加了外出打工收入的不确定性，降低了打工的实际收入。同时，由于城市住房等生活费用非常高，阻止了农村外出打工者的家属整体迁移。此外，农村的外出打工者，一方面不为城里人所认同，另一方面因无法携家属同往而难以得到亲人的安慰，难以尽照顾家庭的义务，因此，他们在城市里面临极高的心理调整成本。而在农村家乡，如果举家迁移、土地抛荒，那就有可能失去土地承包权，因此，将老人、妇女留在家乡，避免土地完全抛荒，也是个理性的选择。根据盛来运（2008）的测算，举家迁移的劳动力占农村劳动力总量的比重在2005年仅约为5%，而在全部外出劳动力中所占比重大约为20%。

根据《2014年全国农民工监测调查报告》，近年来，农民工总量增速持续回落，2011年、2012年、2013年和2014年农民工总量增速分别比上年回落1.0、0.5、1.5和0.5个百分点。2011年、2012年、2013年和2014年外出农民工人数增速分别比上年回落2.1、0.4、1.3和0.4个百分点。见图2-1。

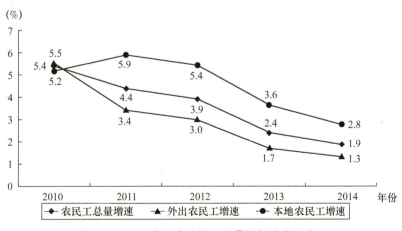

图2-1 2010年以来农民工总量增长速度回落

分年龄段看，农民工以青壮年为主，2014年16~20岁占3.5%，

21~30 岁占 30.2%，31~40 岁占 22.8%，41~50 岁占 26.4%，50 岁以上的农民工占 17.1%（表 2-3）。调查资料显示，40 岁以下农民工所占比重继续下降，由 2010 年的 65.9% 下降到 2014 年的 56.5%，农民工平均年龄也由 35.5 岁上升到 38.3 岁。

表 2-3　　　　　　　2010~2014 年中国农民工年龄结构　　　　　单位:%

| 年龄＼年份 | 2010 | 2011 | 2012 | 2013 | 2014 |
|---|---|---|---|---|---|
| 16~20 岁 | 6.5 | 6.3 | 4.9 | 4.7 | 3.5 |
| 21~30 岁 | 35.9 | 32.7 | 31.9 | 30.8 | 30.2 |
| 31~40 岁 | 23.5 | 22.7 | 22.5 | 22.9 | 22.8 |
| 41~50 岁 | 21.2 | 24.0 | 25.6 | 26.4 | 26.4 |
| 50 岁以上 | 12.9 | 14.3 | 15.1 | 15.2 | 17.1 |

从教育水平看，高中及以上教育程度的农民工占 23.8%，比上年提高 1 个百分点。其中，外出农民工中高中及以上的占 26%，比上年提高 1.6 个百分点，本地农民工高中及以上的占 21.4%，比上年提高 0.3 个百分点。

2014 年接受过技能培训的农民工占 34.8%，比上年提高 2.1 个百分点。其中，接受非农业职业技能培训的占 32%，比上年提高 1.1 个百分点；接受过农业技能培训的占 9.5%，比上年提高 0.2 个百分点；农业和非农业职业技能培训都参加过的占 6.8%，比上年提高 0.4 个百分点。见表 2-4。分年龄看，各年龄段农民工接受培训的比例均有提高。

2014 年外出农民工年从业时间平均为 10 个月，月从业时间平均为 25.3 天，日从业时间平均为 8.8 个小时，较上年变化不大。日从业时间超过 8 小时的农民工占 40.8%，较上年略有下降，但周从业时间超过 44 小时的农民工占 85.4%，比上年提高 0.7 个百分点。见表 2-5。

表 2 - 4　　　　　　接受过技能培训的农民工比例　　　　　单位:%

| | 接受农业技能培训 | | 接受非农职业技能培训 | | 接受技能培训 | |
|---|---|---|---|---|---|---|
| | 2013 年 | 2014 年 | 2013 年 | 2014 年 | 2013 年 | 2014 年 |
| 合　计 | 9.3 | 9.5 | 29.9 | 32.0 | 32.7 | 34.8 |
| 20 岁及以下 | 5.0 | 6.0 | 29.9 | 31.4 | 31.0 | 32.6 |
| 21～30 岁 | 5.5 | 6.0 | 34.6 | 37.0 | 35.9 | 38.3 |
| 31～40 岁 | 9.1 | 8.8 | 31.8 | 34.0 | 34.1 | 36.1 |
| 41～50 岁 | 12.7 | 12.6 | 27.8 | 29.9 | 32.1 | 33.7 |
| 50 岁以上 | 12.4 | 12.7 | 21.2 | 24.0 | 25.9 | 28.8 |

表 2 - 5　　　　　　　外出农民工从业时间和强度

| 年　份 | 2013 | 2014 |
|---|---|---|
| 全年外出从业时间（月） | 9.9 | 10.0 |
| 平均每月工作时间（天） | 25.2 | 25.3 |
| 平均每天工作时间（小时） | 8.8 | 8.8 |
| 日工作超过 8 小时的比重（%） | 41.0 | 40.8 |
| 周工作超过 44 小时的比重（%） | 84.7 | 85.4 |

　　2014 年，农民工人均月收入 2864 元，比上年增加 255 元，增长 9.8%。然而，拖欠工资情况比上年严重。2014 年，被拖欠工资的农民工人均被拖欠工资为 9511 元，比上年增加 1392 元，增长 17.1%。其中，被拖欠工资的外出农民工人均被拖欠 10613 元，比上年增加 1529 元，增长 16.8%；被拖欠工资的本地农民工人均被拖欠 8148 元，比上年增加 1050 元，增长 14.8%。

　　2014 年，农民工社会保障参保率有所提高。农民工"五险一金"的参保率分别为：工伤保险 26.2%、医疗保险 17.6%、养老保险 16.7%、失业保险 10.5%、生育保险 7.8%、住房公积金 5.5%，比上年分别提高 1.2、0.5、0.5、0.7、0.6 和 0.5 个百分点。

## （二）劳动力城乡间配置效率逐步改善

### 1. 农村地区就业的劳动力比重不断下降

1978 年，我国总就业人口 4.02 亿人，农村地区就业人口达 3.06
亿，占比为 76.31%；到 1990 年，我国总就业人口为 6.48 亿人，农村
地区就业人口达 4.77 亿，占比为 73.68%；到 2005 年，我国总就业人
口为 7.46 亿，农村地区就业人口为 4.63 亿，占比为 61.96%；2014
年，我国总就业人口为 7.72 亿，农村地区就业人口为 3.79 亿，占
比为 49.11%（参见表 2-6）。可以看出，改革开放以来，我国总就业
人口不断上升的同时，农村地区就业人口呈现初始递增、1995 年以后
逐渐下降的趋势，农村就业人口占总就业人口比重不断下降。

表 2-6　　　　　中国城镇地区与农村地区就业人数（万人）

| 年　份 | 合　计 | 城　镇 | 农　村 |
|---|---|---|---|
| 1978 | 40152 | 9514 | 30638 |
| 1980 | 42361 | 10525 | 31836 |
| 1985 | 49873 | 12808 | 37065 |
| 1990 | 64749 | 17041 | 47708 |
| 1995 | 68065 | 19040 | 49025 |
| 2000 | 72085 | 23151 | 48934 |
| 2005 | 74647 | 28389 | 46258 |
| 2010 | 76105 | 34687 | 41418 |
| 2011 | 76420 | 35914 | 40506 |
| 2012 | 76704 | 37102 | 39602 |
| 2013 | 76977 | 38240 | 38737 |
| 2014 | 77253 | 39310 | 37943 |

资料来源：中国统计年鉴（2015）。

随着改革开放的不断深化，经济速度发展加快，农村地区就业劳
动力呈现不断减少的趋势，农村地区就业人口在 1978～1995 年期间略

有上升，1995 年以后呈现下降的趋势，并且在 2014 年，农村地区的就业人口占总就业人口不到一半，意味着就业人口从农村向城镇地区转移。如图 2 – 2 所示。随着工业化水平的提高，城镇地区的机械制造、建筑交通等第二产业得到飞速发展，为经济发展提供了物质基础，金融、传媒等服务业部门发展提高。第二产业、第三产业主要分布在城市地区，随着农村地区生产机械化、生产效率的提升，农村劳动力从农村脱离出来进入到城市，为第二、第三产业的发展提供充足的劳动力资源，此亦为我国经济转型中的"人口红利"。

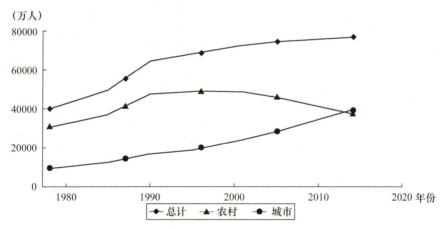

图 2 – 2　1978 ~ 2014 年我国城镇地区与农村地区就业人数

资料来源：中国统计年鉴（2015）。

农村中劳动力的减少，意味着农业部门的生产效率不断提高、农业机械化水平的提高以及农业生产率的不断上升，农业生产所需的劳动人口相对较少，农村地区劳动力就业比重不断降低。

**2. 非农就业比重逐步提高，劳动力在农业与非农之间的配置效率逐步改善**

1978 年，我国第一产业比重为 27.9%，第一产业就业人数比重为 70.5%，农业部门集聚了大量的劳动力资源，农业对于国民经济总产值的比重不到 30%，却容纳了 70% 以上的劳动力，农业部门生产效率较低。随着改革开放以及经济体制改革，第一产业产值占国民经济总产值的比重不断下降，2000年，我国第一产业产值比重为11.7%，而农业部门的就业人数占总就业人数也不断下降，为50%。此后，农业部门的就业人数占比不断下降，2014年，第一产业就业人数比重下降到30%以内，而第一产业产值比重也为9.2%。见表2-7。

表2-7　我国第一产业产值比重、就业人数比重及比较劳动生产率

| 年　份 | 第一产业产值比重 | 第一产业就业人数比重 | 第一产业比较劳动生产率 |
|---|---|---|---|
| 1978 | 27.9 | 70.5 | 0.40 |
| 1980 | 29.9 | 68.7 | 0.44 |
| 1985 | 28.1 | 62.4 | 0.45 |
| 1990 | 26.7 | 60.1 | 0.44 |
| 1995 | 19.7 | 52.2 | 0.38 |
| 2000 | 14.7 | 50 | 0.29 |
| 2005 | 11.7 | 44.8 | 0.26 |
| 2010 | 9.6 | 36.7 | 0.26 |
| 2011 | 9.5 | 34.8 | 0.27 |
| 2012 | 9.5 | 33.6 | 0.28 |
| 2013 | 9.4 | 31.4 | 0.30 |
| 2014 | 9.2 | 29.5 | 0.31 |

资料来源：中国统计年鉴（2015）。

随着我国经济的不断发展，劳动力在农业与非农产业之间的配置效率不断提高，伴随着农业产值占比的下降，农业就业人口占总就业人口的比重不断下降，就业人口在农业部门与非农业部门之间的配置不断改善。

图2-3给出了我国第一产业的产值占比与就业人数占比的趋势图。可以看出，第一产业就业人数占比下降的速度快于第一产业产值占比下降的速度。虽然目前来说，农业就业人数占比高于农业产值占

比，但随着我国产业结构的优化升级以及户籍制度、社会保障制度的逐步完善，劳动力将实现从农村向城镇进一步转移。

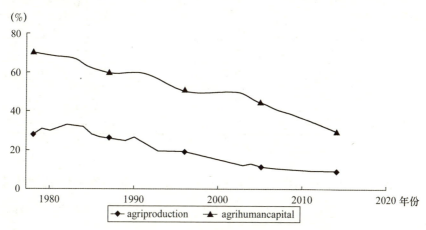

图 2 - 3　我国第一产业产值占比与就业人数占比

资料来源：中国统计年鉴（2015）。

## （三）与其他国家相比，我国劳动力城乡间配置效率还有一定的改善空间

与我国发展水平相当的国家，牙买加的城市化水平达到 54%，如果我国的人力资源得到更优化的配置，经济发展还可以达到更高的水平。参见表 2 - 8。

表 2 - 8　　　　在比较中观察中国就业人口的城乡分布变化

| 国　家 | 实际人均 GDP（美元） | 城市化水平（%） | 农业就业人口占就业总数比重（%） | 农业增加值占 GDP 的比重（%） |
|---|---|---|---|---|
| 中　国 | 4433.3 | 49 | 37 | 10.1 |
| 保加利亚 | 6580.8 | 72 | 7 | 5.1 |
| 哈萨克斯坦 | 9070.6 | 54 | 28 | 4.8 |
| 喀麦隆 | 1145.4 | 52 | 53 | 23.4 |
| 塞尔维亚 | 5399.3 | 55 | 22 | 10.2 |
| 德　国 | 41723.4 | 74 | 2 | 0.7 |

续表

| 国　家 | 实际人均GDP（美元） | 城市化水平（%） | 农业就业人口占就业总数比重（%） | 农业增加值占GDP的比重（%） |
|---|---|---|---|---|
| 拉托维亚 | — | 68 | 9 | 4.1 |
| 牙买加 | 4917.0 | 54 | 20 | 6.3 |
| 瑞　士 | 74276.7 | 74 | 3 | 0.7 |
| 美　国 | 48377.4 | 81 | — | 1.2 |
| 马来西亚 | 8754.2 | 71 | 13 | 10.4 |

资料来源：世界银行发展报告（2010）。

从农业增加值比重与就业比重的比较看，我国农业的就业比重仍然偏高，说明农业仍然配置了较多的人力资源。图2－4显示了在农业占经济比重9%左右发展水平时的农业就业比重。2014年，中国农业就业比重是29.5%，略高于巴西的24.2%、日本的24.7%，显著高于韩国的19.6%和俄罗斯的15.5%，说明虽然已经有大量的剩余劳动力转移到了城市就业，但这种转移仍然不够充分和彻底。

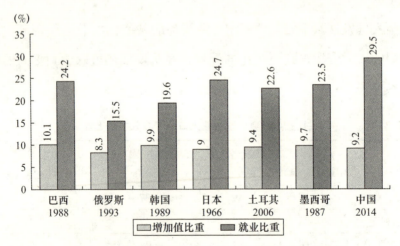

图2－4　各国农业增加值比重与农业就业比重的比较

## 三、城乡间人力资源配置的制度障碍和弊端

需要指出的是，中国的城乡和地区间劳动力流动是在城市倾向的经济政策下进行的。在改革开放以前的计划经济年代，城市倾向的经济政策主要是为了利用农业部门的剩余作为工业部门的积累，从而迅速地为实现工业化创造条件。而在改革开放之后，城市倾向的经济政策是城市居民和城市政府最大化自身利益的结果，数量庞大的农民群体对于城乡间的政策几乎没有影响力（陈钊、陆铭，2008）。因为担心外来人口争夺有限的城市公共资源和挤占城市的就业岗位，人口流入地的政府通过各种手段限制外来劳动力流入，以保护本地城市居民的利益。不拥有本地城市户口的外来农民在工资水平、社会保障、子女教育等方面不能享有与城市人口同等的待遇。表面上来看，似乎没有户籍并不影响在城市工作，但没有户籍却意味着那些在城市打工的劳动力不能拥有与城市居民一样的社会保障，他们的劳动权益也往往在城市有关部门的关注范围之外，他们的子女在城市上学常常受到政策的歧视，更不可能在当地参加高考。由于这些制度上的城乡分割，中国的农村劳动力流动以短期为主，大部分外来劳动力（特别是女性）在婚后以及有孩子的期间将回到农村。受制于户籍和公共服务挂钩的制度，流动人口不能在工作所在地长期稳定的居住，这是造成中国城市化远远落后于工业化的根本原因。

### （一）户籍制度与公共服务政策

1958年1月，《中华人民共和国户口登记条例》出台，详细规定了常住、暂住、出生、死亡、迁出、迁入、变更等人口登记制度，这

些规定为限制农村人口流入城市做出了详细的制度安排，标志着中国城乡二元户籍管理制度的正式建立。长期附着在城乡二元户籍制度上的，还有粮油供应制度、劳动就业制度、医疗保健制度、教育制度、福利制度等十几项制度，形成了一整套城乡二元体系。在统购统销、农业集体化中发展起来的城乡二元社会利益格局，终于以法律的权威手段确立下来了。

城乡分割的二元户籍管理制度事实上造成了城乡之间在教育、医疗、社保、卫生等方面一系列的不平等。城乡居民之间由于户籍问题造成的权利和福利差异主要表现在以下三方面。

第一，就业。早期，城市政府曾经直接通过政策管制来限制企业招收外来劳动力，其主要手段是向招收外来劳动力的企业征收额外的费用，同时，外来劳动力也被限制进入一些特定的行业。今天，虽然大多数歧视性政策已经被取消，但是，非本地城镇户籍人口要进入到政府的公务员系统和高收入的垄断行业几乎是不可能的。

第二，社会保障。中国现有的社会保障体系是由本地财政支撑并独立运转的，因此，各个城市的社会保障均以服务本地居民为主。即使有些城市有专门为外来人口提供的社会保障，其保障水平也比较低，外来劳动力的参与率不高。再加上养老保障的个人账户目前尚不能跨地区携带，退保时职工只能带走个人账户中个人缴纳的累积金额，而企业缴纳的统筹部分则无法带走，这对外来劳动力而言是不小的损失。此外，农村失业劳动者和进城务工农业劳动者难以享受就业援助扶持政策；社会保险政策虽已惠及非城镇户籍人员，但其享受标准较低；农村住房保障对象尚未纳入住房保障体系；城乡居民"三无"人员供养标准和最低生活保障水平差距较大；独生子女父母奖励政策尚未实现城乡全覆盖；农村户籍人口的伤残赔偿金和死亡赔偿金标准只是城镇标准的三分之一；退役士兵安置和城乡义务兵家庭优待还存在差异等。

第三，公共服务，特别是子女教育。从幼儿园开始，如果没有本地城镇户籍，就不能以向本地居民实行的收费标准上公立幼儿园。在义务教育阶段，以前的制度是本地公立学校不招收外来务工人员的小孩，即使招，收费也更高，导致大量农民工子弟学校的产生，而这类学校由于资金有限，所提供的教学质量显然要更差。现在，义务教育阶段的学校已经对外来务工人员开放，但是，那些较好的学校却未能对外来务工人员的子女实行同等待遇。此外，高等教育资源集中的城市往往倾向于将高考招生名额分配给本地考生，外来务工人员的子女必须回原籍参加高考，面临更严酷的竞争，这显然会造成高等教育的机会不均等，并阻滞代际的收入和社会流动。与之相连带的一个结果是，城市（特别是大城市）的高中教育实际上也是不对外来人口平等开放的。

### （二）集体所有制下"三块地一块产"的制度安排

土地制度安排的城乡二元分割也严重制约了劳动力的城乡间流动，造成了城乡间人力资本的错配。中国农村人口向城市的迁徙在很大程度上依然属于短期行为。农民工难以获得城市公共服务、地方政府不愿意或者没有能力提供这些群体融入城市的成本，成为农民工完全城镇化的巨大障碍。此外，对失去耕地与宅基地的担心，也让农村迁徙人口难以下决心在城市永久定居。统计数据表明，截至2012年，依然有超过70％的城市新增人口是农村户口。

一是农用地的制度安排。联产承包责任制建立以来，从1984年开始，农用地的各项权能不断由集体让渡给承包户。近年来，随着外出农民工规模的不断扩大，承包主体与经营主体在逐步分离。据农业部统计，截至 2014 年 6 月底，全国农户承包土地流转面积达 3.8 亿亩，占家庭承包耕地总面积的 28.8%。随着承包农户外出务工增多、土地流转加快、土地融资需求扩张，承包主体与经营主体分离的情况进一步增多，承包权与经营权继续混为一体带来了法理上的困惑和政策上的混乱。担心进城后失去耕地的承包经营权，让农民工难以下决心举家迁移，在城市永久定居（叶兴庆，2015）。

二是宅基地的制度安排。宅基地集体所有权与农户使用权相分离，宅基地使用权与房屋私有权相分离，即所有权是集体，使用权给农户，房屋是私权（刘守英，2014）。这一套制度形成以后，改革以来在宅基地制度的构建上有新的特点。一是无偿取得宅基地的制度。二是对成员身份在强化，只有集体经济组织成员才能获得宅基地。三是将宅基地作为建设用地的一类。理论上讲，农民盖房要有建设用地指标，但事实上农民盖房基本上拿不到建设用地指标，指标到了县一级作为建设开发的指标。四是政府规制增强。宅基地是一种特别的用益物权。一般用益物权有占有权、使用权和收益权，可宅基地只有占用权和使用权，没有收益权。宅基地制度变成一个集体经济组织以成员权身份无偿获得的居住权。对失去宅基地的担心，也让农民工人口难以下决心在城市永久定居。

三是经营性建设用地的制度安排。1998 年修订的《土地管理法》规定，农民集体所有的土地的使用权不得出让、转让或者出租用于非农业建设，除非是符合土地利用总体规划并依法取得建设用地的企业，因破产、兼并等情形致使土地使用权依法发生转移。土地转用存在事实上的"三重管制"——城市规划管制、土地用途管制与所有制管制。城市规划是一个硬规划、硬约束，城市政府用城市规划圈地。

用途管制限制了土地转用的规模和用途，但在城市规划作为硬约束的情况下，土地用途管制实际上是一个软约束。所有制管制是规定农民的农地变建设用地只能是实行按原用途征收，所以地方政府通过规划、管制，农地转用一律按原用途征收，市县政府垄断土地一级市场，征收以后政府独家去卖，从中获利。

这套制度安排的组合日益堵住了集体建设用地进入市场的通道，造成了农村集体建设用地的权力残缺、利用粗放和集体经济产权治理结构改革等问题。集体经济产权具有天然的模糊性，即使在农村集体土地、厂房等资产转为股权后，"资产变资本、农民变股东"，农村集体组织内部的矛盾仍十分突出。以广东省南海区为例，现有股东为维护既得利益，反对"出嫁女"、退伍军人等十多种有争议群体参与股权分配，引发村内群体利益对立。这也阻碍了农民工放弃这块集体成员权利、完全融入城市。

四是经营性资产的制度安排。据统计，截至 2012 年年底，全国 58.9 万个村级集体经济组织账面资产总额（不含土地等资源性资产）2.2 万亿元，村均 369.3 万元。大城市郊区和东部发达地区农村集体资产数量更加庞大，广东、山东、浙江、北京、江苏等 5 省市的村级集体资产总额达 13172.1 亿元，占全国集体资产总额的 60.5%，村均 865.4 万元（国务院发展研究中心农村经济研究部，2015）。随着农村集体资产规模不断增大，农村财务管理的问题逐渐增多，农村社区人口结构日益复杂，开发利用资产资源的要求越加迫切，农民群众对于明晰集体资产权益及份额的愿望越来越高，集体资产归谁所有、如何分配成为农村群众关注的焦点问题。

随着城乡社会管理体制的不断改革，我国城郊接合部和沿海发达地区农村社区人口结构出现了新的变化。一是大量外来人口涌入农村社区。在一些较富裕的农村，特别是在珠三角、长三角等经济发达地区，出现了农村原住居民与外来常住人口数量严重倒挂的现象。二是本村内部人口结构发生变化。在一些集体资产总量较大的农村，部分农民离开本村进城务工、经商，但由于集体资产产权不明晰，进城农民普遍担心进城后原属于他们的土地承包经营权、宅基地使用权和集体资产收益分配权受到损害，"带着资产权益进城"的愿望十分强烈。

在农村集体经营性资产产权重构的过程中，存在着如下的问题。一是关于集体资产量化的范围。是量化集体经营性净资产，还是将经营性资产、非经营性资产和资源性资产均列入量化范围，认识尚未统一。二是关于成员资格界定。目前，农村集体经济组织成员资格界定多数处于乡村自我管理的状态，受当地乡规民约、传统观念和历史习惯等各种因素影响较大，乡土色彩较浓。三是关于股权设置中是否保留集体股。保留集体股可以体现集体所有的公有制经济性质，也承担了大量的公共服务职能，解决公共事业经费开支。但保留集体股却为集体资产管理和二次分配留下了隐患，当集体组织变更重组时，会面临再分配确权问题，增加了将来改革的难度。四是受现代管理制度约束，集体经济组织成员持有的集体资产股权和公司股东的股权仍存在较大差别，股权权能不充分，对股权的管理和登记备案等方面也尚不明确。五是集体资产股份的流转尚不充分，不能发现其作为要素的市场潜在价值，是"僵化的资产"。

## 四、促进人力资源城乡优化配置和对策建议

城乡分割政策阻碍了生产要素在城乡间的自由流动，不仅仅损失了经济效率，还造成了一系列的社会问题，如城乡收入差距的扩大以

及城市内部的社会分割等。限制劳动力充分流动的后果还反映在农村和农业的发展上。由于劳动力不能充分流动，迁移模式以短期和非举家迁移为主，因此在农村形成了人口老龄化和养老问题、规模庞大的留守儿童问题以及农业土地利用效率低和环境破坏等问题。应当消除城乡分割，促进城乡劳动力的社会融合，提高城乡间人力资本的配置效率，建设和谐社会，促进经济可持续增长。

提高农村居民的受教育水平，促进村民之间的信息交流，建立更加完善的农业生产社会化服务体系等手段，都能够促进农民外出打工，提高城乡间人力资本的配置效率。但是，政策模拟结果却显示，这类政策并不能大幅度地提高农民的外出打工率，也不能改变劳动力流动率的低水平均衡（陆铭等，2013）。为此需要从破解城乡二元分割的制度改革入手，促进劳动力更自由充分流动，缩小城乡收入差距，促进城乡一体化发展。要实现城乡协调发展，目前问题的关键在于已经进入城市并长期居住的外来劳动力如何市民化，并且融入城市。为此，必须改革现有的户籍制度和土地制度，减少对劳动力在城乡间自由流动的限制。

### （一）深化土地制度改革，促进同地同权

要打破城乡二元体制，关键是要实现土地要素在城乡间的自由流通和基于市场交易的利益分享。按照党的十八届三中全会土地制度改革总体部署，建立城乡统一的建设用地市场，实现集体土地与国有土地在规划和用途管制下的同地、同价、同权。改革征地制度，缩小征地范围，建立基于区位的征地补偿价格，完善土地增值收益分配机制，让农民分享土地增值成果。

一是明确集体经营性建设用地范围、存量集体经营性建设用地入

市规则、主体、出让方式和交易办法、利益分配比例、税收征收、基础设施建设资金征缴等。完善有关法律实施，形成集体建设用地入市规则，实现集体建设用地与国有建设用地同地、同权。

二是完善"城乡建设用地增减挂钩"机制。提高增减挂钩项目验收效率，降低土地复垦项目资金成本。允许将农村集体建设用地整理项目节余的指标在市域范围内公开交易、按规划落地使用。鼓励有条件的农户有偿腾退宅基地。在充分尊重农民意愿的前提下，支持农民开展零星集体建设用地整理，节余的建设用地指标作为规划计划指标安排在城镇规划建设用地区，按照审批权限批准农用地转为建设用地，用指标转让收益作为农户腾退宅基地的补偿。

三是鼓励集体建设用地使用权人在符合土地利用总体规划、城乡规划和产业发展布局规划的前提下，通过自主开发、公开转让、参股合作等多种形式开发集体建设用地，建立集体工业园区、发展农产品加工产业、旅游娱乐、商业服务、工业仓储等。

四是建立集体建设用地用于工业、公益事业的补偿机制。完善吸引社会资本、金融资本参与集体建设用地开发利用的政策措施，探索集体建设用地使用权抵押融资的有效途径。

五是建立城乡统一的土地市场，不符合公共利益的用地不得动用土地征收权，对被征土地实行基于区位的市场价补偿。在符合规划和用途管制前提下，集体土地与国有土地同地同权，同等入市。按照土地级差收益形成原理，在国家、集体和农民个人之间公平分配土地增值收益。建立不同土地用途转换价值分配规则，探索建立土地用途交易市场。通过土地增值价值捕获解决城市基础设施建设投资。取消土地年度计划和用地规模控制，实行基于国土空间规划的资源弹性管制。

## （二）深化农村产权制度改革，赋予农民更多财产权利

农村产权制度改革是落实农民财产权利的必需环节和必要步骤，是建立健全城乡要素自由流动制度体系的核心和关键，是活化农村资本、富裕农民、实现城乡一体化发展的重要抓手。应以农村产权制度改革确权颁证为基础，促进生产要素在城乡之间自由流动，为集体经济股份化、农民的城镇化以及农村治理机制的完善提供前提条件。

一是制定集体经济组织成员认定和农村产权"长久不变"的地方性法规，推进承包经营权、宅基地使用权等农村产权长久不变。

二是明确和固化集体所有成员资格，全面明晰农村各类资产产权权属，固化集体组织成员与集体资产的对应关系。建立以集体土地为主的社区成员股份制，兑现集体成员权。建立以资产为纽带的股份制，实行社区农民和社区外成员按资入股，探索建立集体股权退出与转让机制。

三是做大做强农交所，扩大农交所交易范围，建立指标交易平台。健全农村产权交易服务体系，修订完善农村产权流转管理办法和交易规则。

四是推行集体资产股份制改革。借鉴长三角、珠三角等地探索，结合各地实际，开展集体资产股份化探索，制定适应村庄特点的操作程序、注册登记、股权设置规则，放活农村要素资源，保障农民财产权益。

## （三）推进公共服务均等化，促进农业转移人口市民化

推进农业转移人口市民化，核心是要建立农业转移人口对城市公共服务的分担机制，使其与农业转移人口落户城镇挂钩。

一是促进城乡教育均衡发展。深入推进办学条件、教育经费、教

师配置、教育质量评估标准的城乡一体化，缩小城乡教育资源的差距。建立"以公共财政投入为主、以公办和公益性幼儿园为主"的机制，鼓励公办民营以及民间资本办学，扩大普惠性学前教育资源和公办幼儿园规模。深化义务教育"就近入学"机制，做好进城务工人员随迁子女接受义务教育工作。在农村全面落实"两免一补"和"营养餐"政策，将农村义务教育全面纳入公共财政保障范围，建立中央和地方分项目、按比例分担的农村义务教育经费保障机制。同时，提升职业教育生均财政保障，支持高职集团化办学、实训基地建设，校企合作、产教合作等专项补助措施，构建起了城乡一体的现代职业教育体系。

二是加强农村基本医疗和公共卫生服务。建立城乡一体的医疗保障制度，逐年提高财政对农村人均医疗保险费的补助水平。加大对公共卫生体系建设的投入，特别是农村公共卫生防疫体系的建设。统一城乡困难群众的医疗救助标准，救助内容从单一的医疗费用救助发展到临时生活救助和院前应急救助。

三是探索建立农村社会保障制度，完善城乡一体的居民基本养老保险制度。在实行农村最低生活保障制度的基础上，推进农村养老保障制度，并结合农村经济社会的发展不断完善，使农民养老保险与城镇居民和城镇职工的养老保险制度接轨，将农民逐步纳入城乡统一的社保体系。探索在农村居民自愿的前提下，将集体资产划入社保充实资金。开拓社会捐赠、众筹等多种社保资金来源方式。

城市化进程加快使得我国劳动力不断向城市涌进。目前，我国劳动力城乡之间配置存在以下问题。首先，劳动力自由流动成本高，城市公共服务的排他性依然严重。因担心外来人口争夺有限的城市公共资源和挤占城市的就业岗位，城市政府通过各种手段限制外来劳动力流入，以保护本地城市居民的利益，不拥有本地城市户口的外来农民工在工资水平、社会保障、子女教育等方面不能享有与城市人口同等的待遇（蔡昉、都阳、王美艳，2003）。其次，农村劳动力流动加速和城市产业集聚扩大了城乡收入差距，集聚外部性的扩溢受集聚规模、阶段、距离和技术水平等因素影响，城市产业集聚过程中农村劳动力流动对城市居民收入的影响尚处于极化效应阶段。

为此，对于我国人力资源城乡配置存在的问题，提出几点展望。

第一，建设用地指标实现跨地区再配置，让在城市里就业和生活的农村劳动力分享经济增长的成果。全国统一规划中新增的城市建设用地指标以及农村由于宅基地整理和复耕而增加的建设用地指标，可以在地区间重新配置，并与户籍改革联动。这一政策可以在城市化进程中提高经济集聚的水平，特别是促进长江三角洲、珠江三角洲和环渤海湾地区城市群人口规模的适度扩张，提高土地的利用效率，让更多劳动力分享经济集聚发展的好处，最终走向城市规模意义上的经济集聚与人均意义上的平衡发展（陆铭，2009）。

第二，引导大中城市、沿海发达地区的劳动密集型产业和资源加工型企业向中西部农村梯度转移。中西部落后地区应该培育和增强本地承接产业转移和劳动力回流的能力，吸纳农村劳动力到本地城镇就业，促进集聚规模经济的发展。

第三，推动户籍与就业制度改革，完善城乡一体的劳动力市场。建立健全城乡劳动力自由流动、公平竞争就业、平等享有公共服务的机制，改善农村交通、通讯等公共设施和投资、就业条件等软硬件环境，促进城乡市场一体化，为资金、管理、技术、知识等要素以资本形式从城市持续快速地流入农村疏通渠道，支持高素质人才前往农村创业，支持农民工返乡创业；建立有效的城乡反哺机制，加大对农村人力资本、物质资本和科技投入力度，出台入资农村的优惠政策，使农民能够及时消化吸收集聚经济的知识、技术溢出与就业机会。

执笔人：周群力

**参考文献**

［1］蔡昉、都阳、王美艳．劳动力流动的政治经济学．上海：上海三联书店、上海人民出版社，2003

［2］丁金宏、刘振宇、程丹明等．中国人口迁移的区域差异与流场特征．地理学报，2005，60（1）

［3］段成荣、杨舸、张斐、卢雪和．改革开放以来我国流动人口变动的九大趋势．人口研究，2008，32（6）

［4］国务院发展研究中心城乡统筹基础重点领域课题组．基于微观数据的中国农业生产率测算：2003～2012．国务院发展研究中心城乡统筹基础重点领域：城乡统筹基础重点领域年度成果汇报，2014

［5］国务院发展研究中心农村经济研究部．从城乡二元到城乡一体：我国城乡二元体制的突出矛盾与未来走向．北京：中国发展出版社，2014

［6］国务院发展研究中心农村经济研究部．集体所有制下的产权重构．北京：中国发展出版社，2015

［7］刘守英．中国土地制度改革的逻辑与出路．中国社会科学网，2014 年 5 月 21 日．http：//www. cssn. cn/shx/shx_ bjtj/201405/t20140521_ 1179588. shtml，访问时间：2015 年 10 月28 日

［8］陆铭、陈钊．为什么土地和户籍制度需要联动改革——基于中国城市和区域发展的理论和实证研究．学术月刊，2009（9）

［9］陆铭．玻璃幕墙下的劳动力流动——制度约束、社会互动与滞后的城市化．南方经济，2011（6）

［10］陆铭、蒋仕卿、陈钊、佐藤宏．摆脱城市化的低水平均衡——制度推动、社会互动与劳动力流动．复旦学报（社会科学版），2013（3）

［11］盛来运．流动还是迁移——中国农村劳动力流动过程的经济学分析，上海：上海远东出版社，2008

［12］叶兴庆．集体所有制下农用地的产权重构．毛泽东邓小平理论研究，2015（2）

［13］Bertinelli L.，Strobl E.，and Zou B. Economic Development and Environmental Quality：A Reassessment in Light of Nature's Self – Regeneration Capacity. Ecological Economics，2008（66）

［14］Ciccone A.，and Giovanni P. Long – Run Substitutability between More and Less Educated Workers：Evidence from U. S. States 1950 – 1990，this review，2005（4）

［15］Henderson V. The Urbanization Process and Economic Growth：The So – What Question. Journal of Economic Growth，2003（1）

［16］Myrdal G. Economic Theory and Underdeveloped Regions，Duckworth，London. 1957

第三章

# 制造业人力资源配置

- 我国是世界制造业第一大国，制造业吸纳就业人员的总量也持续增长，和国内其他行业相比较，制造业吸纳就业人员比重较高。

- 和其他制造业大国相比，我国的制造业就业比重也较高。

- 从就业人员技能水平看，我国制造业配置的高端人才比重显著偏低，制造业的人力资本强度显著低于其他行业。

- 要实现制造业品质提升，需要进一步提升制造业人力资源的受教育和技能水平。

改革开放以来，我国不断加深全球价值链的参与程度，凭借劳动力廉价的成本优势，以制造业的快速发展推动了国民经济的迅猛增长，制造业的升级和发展也成为我国整体产业升级转型的重要主导力量。与此同时，随着生产力的迅速发展，人力资本作为生产力三大要素中最为重要的要素，逐渐成为经济发展和产业升级的重要推动力。人力资本在产业间的合理流动和配置是促进产业结构的优化与升级、提高经济效益的关键因素。就产业而言，制造业是吸纳就业人数较大的产业，因此，本专题报告旨在通过对我国制造业产业工人的现状进行分析，摸清其劳动力数量、质量的情况，为合理配置产业工人人力资本以适应产业转移升级提出的新要求提供借鉴。

## 一、人力资源行业间配置的相关研究

有学者对我国人力资源产业结构进行研究，发现若对产业间人力资本重新再配置，各产业以及产业中的人力资源潜能可以得到更大的发挥。对于我国人力资源在不同产业间如何配置这个问题，有学者发现第二产业的劳动效率明显高于第三产业，为了实现可持续发展，大力发展第二产业是一个可行之道（邬雪芬，2008）。相对于沿海地区，中西部工业产出增长明显加快，而沿海地区的劳动力成本增加以及外部需要的下降，工业经济需要重新配置格局（蔡昉，2009；2011）。我国产业部门之间的就业结构失衡，以农业部门就业比例过高为特征的劳动力错配对经济增长的总生产率（TFP）有着显著的负效应，并且估算出效率损失区间约为 $-0.2\% \sim -18\%$，且此种负效应随着制度的阶段性呈现一定的周期性波动的同时，有逐步扩大的趋势，并认为扩大的工资差异是导致总效应产生和波动的主要原因（袁志刚、解栋栋，2011）。在我国制造业部门的各个产业里，不同企业之间的生产率表现出很大的差异，且企业的规模分布与生产率分布只有微弱的关联，市场不完全引起的产业内跨企业的资源配置扭曲，解释了企业间基本生产要素的生产率差异和全要素生产率差异的实质性部分，并导致了总量层面40%以上的全要素生产率损失（简泽，2011）。我国目前的人力资本结构对产业结构由劳动密集型向技术密集型升级的支撑作用不够明显，特别是西部地区的人力资本结构难以支撑产业结构优化升级，说明产业结构由劳动密集型向技术密集型升级受人力资本结构和技术资本配置结构条件的约束，技术资本的合理配置有利于促进产业结构向技术密集型升级（唐辉亮，2014）。

## 二、我国制造业发展的总体概述

当前，全球制造业格局正发生深刻的变化，世界各国都将制造业作为本国立国之本，中国制造业也面临着发达国家和发展中国家的"双重竞争"。随着中国经济进入以快速换挡、结构转型和动力转换为主要特征的新常态，传统发展方式难以为继，我国的制造业与世界先进国家相比仍存在较大的差距，因此必须走"工业2.0"补课、"工业3.0"普及、"工业4.0"示范的并联式的发展道路，并立足于制造业基础，根据自身实际探索转型路径和发展模式。

### （一）我国已经成为世界制造业大国

改革开放特别是入世以来，我国制造业发展的总量、结构、质量和水平都有显著提高。从规模上看，我国制造业规模已跃居全球首位，已成为世界第一制造业大国。根据联合国工业发展组织《国际工业统计年鉴（2011）》的数据，在22个统计大类中，2009年中国制造业增加值居第一位的达12个，居第二位的达9个。我国制造业增加值占世界的比重逐年快速提高，近几年几乎与美国持平并保持这一态势；而且我国的制造业增加值年增长率在10%左右，远高于其他工业国家5%左右的年增长水平。

【专栏 3 - 1】　　　　我国成为全球制造业第一大国

在世界 500 种主要工业品中，我国有 220 种产品产量居全球第一位。2012 年，我国大陆企业进入世界 500 强达 73 家（含香港），比 2002 年增加 62 家，位列世界第二位。2011 年，粗钢产量位居世界第一，占全球粗钢产量的 44.7%。2011 年，电解铝产量位居世界第一，占世界产量的 40%，造船完工量占世界市场份额的 42%。汽车产量由 2005 年的 570.49 万辆增至 2011 年的 1841.9 万辆。2011年，我国彩电、手机、计算机产量位居世界第一，占全球出货量的比重分别达到 48.8%、70.6% 和 90.6%。软件和信息技术服务业收入超过 1.88 万亿元，在国际上的地位明显提升。

资料来源：摘自 2013 年全国工业和信息化工作会议专稿。

从结构上看，我国高技术制造业增加值占制造业增加值的比重年均增长 13.4%，占制造业出口比重的 27% 左右，是世界高技术制造业出口份额的首位，已经成为国民经济重要的先导性、支柱性产业；新能源、节能环保、新一代信息技术、生物医药、高端装备制造等一批战略性新兴产业快速发展。参见图 3 - 1。2012 年，世界 500 强中我国上榜的 79 家企业，制造业企业占 25 家，数量明显提升。从可持续发展能力看，我国制造业 R&D（研究与开发投入）强度近几年有所提升，在 2009 年达到 3.2%。2011 年北京成为仅次于日本东京的全球第二大世界 500 强总部之都，且据美国《财富》杂志的一项调查，全球有 92% 的跨国公司都有意来华建立地区总部。

总体来说，改革开放以来，我国制造业产业总值的增速明显快于国民经济总体增长水平。1981～2011 年间工业增加值年均增速达 11.5%，

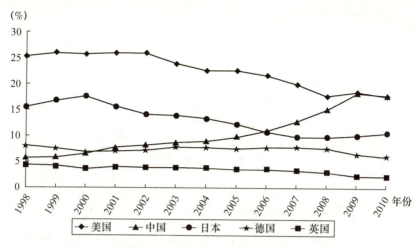

**图 3 - 1　主要工业国家制造业增加值占世界比重变化**
资料来源：世界银行《2012 年世界银行发展指标》。

比 GDP 增速高出 1.5 个百分点。2014 年，我国制造业在经济总量上依然保持持续上升的态势。根据《中国统计年鉴》和《中国工业统计年鉴》的数据进行整理和计算，得出 GDP 增长率、工业生产总值增长率和制造业生产总值增长率，如图 3 - 2 所示：制造业生产总值增长率虽然自 2005 年以来呈现逐年下降的趋势，但是其整体水平仍高于国内生产总值的增长率，说明制造业作为国民经济的重要组成部分、作为经济发展的主导产业，在我国经济发展过程中起到了举足轻重的作用。

然而逐渐下降的制造业生产总值增长率说明，中国制造业发展正进入一个速度减缓、结构调整、效率提升的历史阶段，这与中国整体经济发展趋势是相吻合的。在推进制造业产业升级的过程中，中国制造业产值增长速度的下降对促进制造业劳动力合理优化配置提出了新的挑战。

细分行业方面，根据《中国工业经济统计年鉴（2012）》[①] 的数据

---

① 注释：公开资料中《中国工业经济统计年鉴》截止到 2012 年，2013 年更名为《中国工业年鉴》，相关数据统计口径不一致，因此数据摘自《中国工业经济统计年鉴（2012）》。

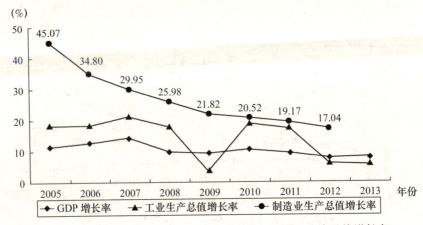

图 3 – 2　2005～2013 年 GDP、工业生产总值、制造业生产总值增长率

整理制造业细分行业的规模以上企业工业总产值，如图 3 – 3 所示，40000 亿元工业总产值是个分水岭，在此产值之上的细分行业有黑色金属冶炼及压延加工业、通信设备、计算机及其他电子设备制造业、交通运输设备制造业、化学原料及化学制品制造业、电气机械及器材制造业、农副食品加工业、通用设备制造业和非金属矿物制品业。有学者也指出，制造业细分行业中，以纺织业、食品制造业等为代表的劳动和资源密集型制造企业占 GDP 的比重逐渐回落，到 2012 年分别稳定在 2.7% 左右和 3.7% 左右。以冶金制品业和建材制造业等为代表的重型制造业企业在遭遇产业结构调整的巨大压力之下，GDP 比重也逐年下滑至 2012 年的 5.6%。以通信设备、计算机及其他电子设备制造业为代表的资本和技术密集型企业的 GDP 比重则呈持续上升态势。我国交通运输设备制造业占 GDP 比重由 1980 年的 1.1% 上升至 2012 年的 2%，电子及通信设备制造业由 0.9% 上升到 1.9%，未来仍有上升空间（甄晓菲，2015）。

2015 年 10 月，国家统计局发布全国规模以上工业企业利润额公告①，

---

① 资料来源：国家统计局统计数据：http：//www.stats.gov.cn/tjsj/zxfb/201510/t20151027_1262085.html。

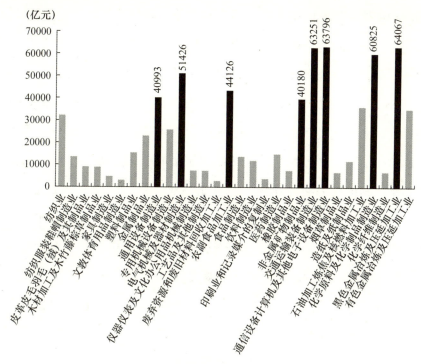

（亿元）

**图 3-3　细分行业的规模以上企业工业总产值**

数据显示，2015 年的前 10 个月，我国制造业已实现利润总额 36934.4 亿元，10 个月增长 4.1%。其中，主营业务收入累计达 711057.6 亿元，同比增长 2.3%，主营业务收入利润率达到 5.19%。其中，农副食品加工业利润总额同比增长 12.7%，纺织业增长 7.8%，石油加工、炼焦和核燃料加工业增长 53.4%，化学原料和化学制品制造业增长 10.1%，通用设备制造业增长 0.7%，电气机械和器材制造业增长 12.7%，计算机、通信和其他电子设备制造业增长 13.5%，非金属矿物制品业下降 8.1%，黑色金属冶炼和压延加工业下降 60.5%，有色金属冶炼和压延加工业下降 1.9%，专用设备制造业下降 5%，汽车制造业下降 4.4%。

## （二）我国制造业产业结构不断优化升级

改革开放以后，在原有基础上，我国制造业依次实现了日用消费品、电子消费品和重型制造业、装备制造业、高新技术制造业的转移，基本形成了完整的制造业产业体系。按照人均资本存量，将制造业 30 个细分行业进行系统聚类的划分，以"人均资本存量"为标准，利用软件 SPSS 19.0 中的"系统聚类"进行操作，聚类方法选择 Ward 法。得到的结果将制造业 30 个细分行业划为人均资本存量低、中、高三组。其中，"低人均资本组"包括纺织服装鞋帽制造业、文教体育用品制造业、皮革皮毛羽毛（绒）及其制品业、家具制造业、工艺品及其他制造业、纺织业、电气机械及器材制造业、金属制品业、木材加工及木竹藤棕草制品业、仪器仪表及文化办公用品机械制造业、塑料制品业、通用设备制造业、专用机械设备制造业、废弃资源和废旧材料回收加工业，共 14 个制造业行业；"中人均资本组"包括农副食品加工业、食品制造业、橡胶制品业、印刷业和记录媒介的复制业、通信设备计算机及其他电子设备制造业、医药制造业、交通运输装备制造业、非金属矿物制品业、饮料制造业，共 9 个制造业行业；"高人均资本组"包括化学原料及化学制品制造业、有色金属冶炼及压延加工业、造纸及纸制品业、化学纤维制造业、烟草制品业、黑色金属冶炼及压延加工业、石油加工炼焦及核燃料加工业，共 7 个制造业行业。

根据《中国工业经济统计年鉴》的数据整理计算 2007～2011 年[①] 各组别之间工业总产值占比的情况，如图 3－4 所示，低、中、高人均资本行业组别之间存在着明显的结构变动差异。从 2009 年以来，低人均资本组的行业产值占比逐渐减少，高人均资本组的行业产值占比逐渐增加，中人均资本组的行业产值占比趋于平稳。制造业的产业结构

---

① 注释：公开资料中《中国工业经济统计年鉴》截止到 2012 年，2013 年更名为《中国工业年鉴》，相关数据统计口径不一致，因此数据摘选截止至《中国工业经济统计年鉴（2012）》。

演进的趋势与库兹涅茨对国民经济三次产业演进规律的描述大体相吻合。

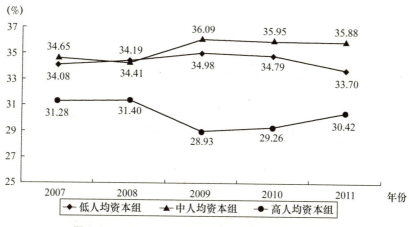

图 3－4　2007～2011 年制造业产值结构变动情况

### （三）我国制造业保持了较高的国际竞争力

2014 年 12 月，工业经济研究所和社会科学文献出版社联合发布的《产业蓝皮书：中国产业竞争力报告（2014）No. 4》[①] 指出，中国是制造业大国，制成品在国际市场上所占份额不断提升，国际竞争力不断提高。但在中国出口的产品中，劳动与资源密集型产品、低技能与技术密集型产品仍占很大比重。从趋势上看，中国的制造业已经进入一个新阶段，劳动与资源密集型产品、低技能与技术密集型产品的优势正在逐步弱化，中高端技能与技术密集型产品的优势正处于爬坡积累的结构调整阵痛期。在市场占有率方面，劳动和资源密集型产品、低端产品在国际市场的占有率比较高，2009 年以后劳动与资源密集型产品以及低端产品的比较优势在弱化，中高端产品的比较优势在经过一个时期增长之后也处于平台期。所以我国制造业正处于传统优势弱

---

① 张其仔：《产业蓝皮书：中国产业竞争力报告》，社会科学文献出版社 2014 年版。

化、新优势艰难累积交织竞争的阶段。金融服务、物流成本、知识生产部门的竞争力和软实力是制约中国制造业发展和竞争力提升的四大因素。

## 三、我国制造业人力资源配置总量较多、比重较大

### （一）制造业吸纳就业人员总量持续增长

制造业是吸纳就业人数较大的产业，根据《中国劳动统计年鉴》的数据，1990～2002 年制造业就业人数及占比情况以及2003～2013 年制造业就业人数情况如图 3－5 和图 3－6 所示。可以看出，2003 年之前，制造业吸纳就业人数始终保持在 8000 万人以上，占就业总人数的11% 以上，但是在 1997 年以后，随着国有企业改革，制造业就业人数有了显著的减少。2004 年以来，制造业城镇单位吸纳就业人数 3050.8 万人上升至 2013 年的 5257.9 万人；制造业私营企业和个体就业人员数从 2641.9 万人上升至 4778.9 万人，制造业城镇单位、私营企业和个体就业人员数占就业总数的比重从 2004 年的 7.7% 增加到了 2013 年的大约 13%。

### （二）和国内其他行业相比较，制造业吸纳就业人员比重较高

制造业是国民经济 19 个行业中吸纳就业最多的行业之一，从2004 年到 2013 年，制造业增加值由 51748.5 亿元增加至 177012.8 亿元，年均增长 13.1%，与此同时，制造业就业人员数由 5692.7 万人增加至 10036.8 万人，年均增长 5.8%[①]。在增加值和就业所占的比重方

———————

① 含城镇私营单位和非私营单位。

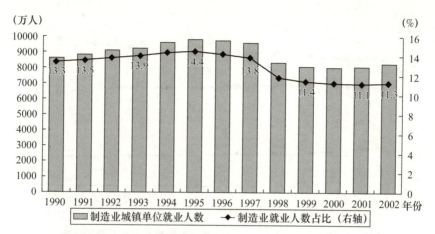

图 3 - 5　1990~2002 年制造业就业人数及占就业总数的比重

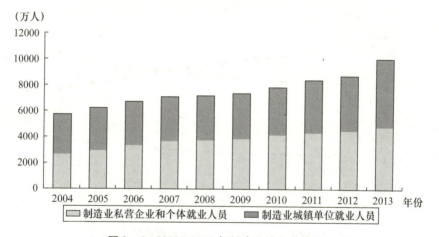

图 3 - 6　2003~2013 年制造业就业人数情况

注：2003 年之前的数据统计口径为制造业就业人数，2003 年之后的数据统计口径为城镇单位制造业就业人数，因此采取分段统计的方法呈现制造业就业人数数据。

面，制造业增加值占整个国内生产总值的比重由 2004 年的 32.2% 调整至 2013 年的 30.1%，其间 2006 年达到峰值，约为 32.7%；制造业就业占整个就业人员总数的比重由 2004 年的 7.7% 提升至 13%。参见图 3 - 7 和图 3 - 8。

可以看出，在 2004~2013 年，第一产业的整体走势为增加值比重和就业比重同步下降，第三产业的走势是增加值比重和就业比重同步

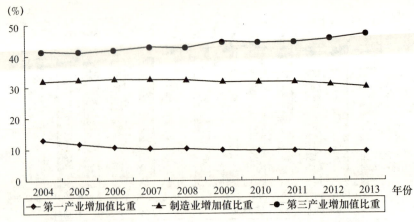

图 3 – 7  2004～2013 年分行业增加值占国民生产总总值的比重

图 3 – 8  2004～2014 年分行业就业占就业总量的比重

上升，而制造业却在增加值所占比重略有下降的情况下，保持了就业所占比重的稳定增长，反映了制造业在吸纳就业方面的突出潜能。

### （三）和其他制造业大国相比，我国的制造业就业比重也较高

根据《国际统计年鉴》中 2013 年各个国家制造业产业工人数量和就业总人数的数据，在制造业就业人数的绝对数方面，我国制造业产业工人的总量远高于其他国家；在制造业产业工人的相对数方面，可以观察其他国家制造业产业工人占总就业人数的比重，具体如图 3 – 9 所示：

我国产业工人的相对数在国际上依然是最多的，其他国家中，日本、匈牙利和德国的产业工人占就业人数比重也相对较多，超过了19%。

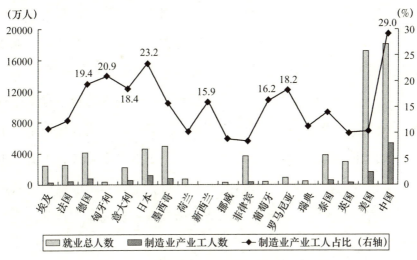

图3-9 制造业就业人数及占比的国际比较分析图

制造业吸纳如此之多的就业人员是有其深刻的历史背景的。相对于"资本"因素在发达国家工业化进程中发挥的突出作用，中国的后发工业化进程主要依靠廉价的劳动力资源。作为世界上人口最多、劳动力资源最丰富的发展中国家，中国在工业化初期阶段就面临其他工业化国家未曾遇到过的资金短缺和巨大的资源、生态、环境压力。在计划经济体制下，通过"二元经济"和"二元社会"体制，依靠行政的力量强制从农业积累工业化的初始资金，依靠大规模劳动力动员搞工业化建设。经过三十多年的积累，中国在改革开放初期基本建立了现代工业的基本框架，奠定了工业化的初步基础，也在一定程度上建立了比较完备的制造业基础。

而改革开放后，外资的引入虽然从一定程度上改变了资金极度短缺的状况，但由于自然资源、发展阶段等的制约，引入的制造业绝大部分属于劳动密集型产业，也就是说，产业仍需使用大量的劳动力或熟练工人。这在一定程度上增加了制造业内部使用的劳动力总量。

近些年，虽然随着产业转移升级的逐步推行和其他改革措施的采用，在一定程度上抵消了制造业劳动力的增长，但众多外资企业的进入和国内其他类型企业的发展，在一定程度上又促进了制造业企业吸纳就业人员的步伐，这就使制造业吸纳的劳动力数量变化幅度不大。

以"人均资本存量"为标准，分析低、中、高人均资本存量行业的就业人数占比情况，如图3-10所示，近五年来，高人均资本组的就业人数占比持续在下降，中人均资本组的就业人数持续在上升，低人均资本组的就业人数先下降后上升，但低人均资本组的就业人数所占比例一直是最大的。这和我国制造业劳动与资源密集型产品、低技能与技术密集型产品所占的比重相关。

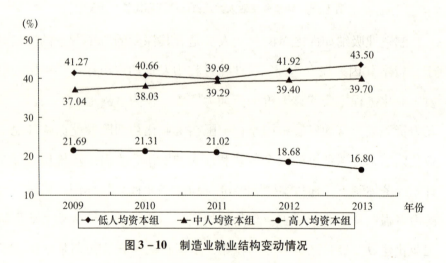

图3-10　制造业就业结构变动情况

## 四、制造业配置的高端人才比重显著偏低

在经济全球化和各国制造业竞争日趋激烈的时代，工业产品质量至关重要，因此要求制造业产业工人具备较高的素质。同时，我国制

造业也在历经了以轻纺工业为主的劳动密集型传统制造业，到以机电、高新技术为主的技术和资本密集型制造业，再到以装备制造业为主的集知识、技术、资本和服务于一体的先进制造业的演进。随着制造业的产业转化与升级，对产业工人的素质和技能水平也提出了新的要求。因此，分析制造业人力资源配置的特点，进而有针对性地加以改善，增强制造业工人的竞争力，变得异常重要。

制造业人力资源配置特点大致包括如下几个方面：受教育程度的变化、技能水平的变化、就业稳定性、农民工在制造业工人中的位置及其他方面。

### （一）我国制造业就业人员受教育程度不断提高

20 世纪 90 年代以来，我国制造业职工的受教育程度在不断提升，高学历人员比重提升，但仍以"初、高中学历"为主。如图 3 – 11、图 3 – 12、图 3 – 13 所示。1990 年，我国全民所有制工业建筑业职工中"小学及小学以下程度"的职工占比为 11.7%。2003 年，制造业中的城镇单位从业人员"小学及小学以下程度"的职工占比上升至 16.6%。但到 2013 年，这一数字已下降至 10.6%。

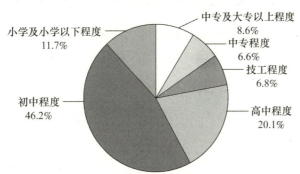

图 3 – 11　1990 年我国全民所有制工业建筑业职工受教育程度情况

资料来源：《中国劳动统计年鉴》。

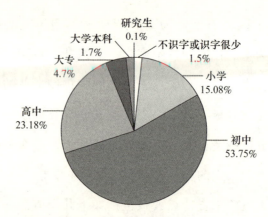

**图 3 - 12　2003 年我国制造业城镇单位从业人员受教育程度情况**

资料来源:《中国劳动统计年鉴》。

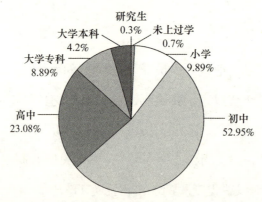

**图 3 - 13　2013 年我国制造业城镇单位从业人员受教育程度情况**

资料来源:《中国劳动统计年鉴》。

高学历人员比重在不断提升。1990 年,我国全民所有制工业建筑业职工中"大专及以上学历"的人员仅占 8.6%。2003 年,制造业中的城镇单位从业人员"大专及以上学历"的人员占比下降至 6.5%。而到 2013 年,该数字上升至 13.4%。

"初、高中学历"的人员是制造业职工的主体。1990 年,我国全民所有制工业建筑业职工中"初、高中学历"的人员占比 79.7%。2003 年,制造业中的城镇单位从业人员"初、高中学历"的人员占比为 77%。2013 年,该数字降至 76.1%。因此,虽然"初、高中学历"

的人员比重在下降，但仍占制造业职工的主体。

## （二）从受教育程度看，制造业的人力资本强度显著低于其他行业

受教育程度与技能状况是衡量产业工人质量的直接指标，在观察人力资本状况与产业发展之间的关系方面，可以借用人力资本强度这一指标。人力资本强度是指各行业大学本科以上学历劳动力比例除以该行业增加值占 GDP 的比例的值。人力资本强度越大，表明该行业的人力资本使用越密集[①]。

从行业比较的视角来看，科学研究、技术服务和地质勘查业，文化、体育和娱乐业，水利、环境和公共设施管理业的人力资本强度较高，强度值在 10 以上。而 2004～2011 年间制造业的人力资本强度只由 0.06 提高到了 0.12，成为农林牧渔业之外的人力资本强度最低的行业。

从国际比较的视角来看，法国、意大利、英国、美国 2012 年的制造业人力资本强度分别达到了 1.465、1.206、1.222 和 0.661[②]，即使与强度最低的美国相比，也有较大的差距。

这说明我国制造业的人力资本使用不够密集，大学本科以上的劳动力对制造业拉动经济增长的贡献率较低，制造业中的人力资本状况有待于进一步提升。

## （三）制造业人力资源的技能水平不能满足需求

高技术制造业的发展与产业工人的生产能力和业务水平密切相

---

[①][②]　中国经济增长前沿课题组："中国经济增长的低效率冲击与减速治理"，载于《经济研究》，2014 年第 12 期。

表 3 – 1 　　　　　　　不同行业人力资本强度及变动情况

| 产　业 ＼ 年　份 | 2004 | 2005 | 2006 | 2007 | 2008 | 2009 | 2010 | 2011 |
|---|---|---|---|---|---|---|---|---|
| 农林牧渔业 | 0.01 | — | — | — | — | 0.01 | 0.01 | |
| 采矿业 | 0.27 | 0.34 | 0.35 | 0.36 | 0.28 | 0.54 | 0.86 | 0.89 |
| 制造业 | 0.06 | 0.06 | 0.07 | 0.06 | 0.07 | 0.08 | 0.11 | 0.12 |
| 电力燃气水 | 1.1 | 1.89 | 2.95 | 2.87 | 3.95 | 3.25 | 5.29 | 6.5 |
| 建筑业 | 0.35 | 0.27 | 0.28 | 0.26 | 0.29 | 0.26 | 0.32 | 0.36 |
| 交通运输、仓储邮政 | 0.26 | 0.33 | 0.37 | 0.39 | 0.48 | 0.54 | 0.72 | 1.04 |
| 信息传输、计算机服务和软件业 | 6.34 | 7.62 | 7.84 | 8.23 | 8.75 | 9.74 | 12.91 | 4.5 |
| 批发和零售业 | 0.13 | 0.27 | 0.29 | 0.28 | 0.29 | 0.29 | 0.42 | 0.46 |
| 住宿和餐饮业 | 0.31 | 0.31 | 0.5 | 0.39 | 0.51 | 0.49 | 0.76 | 1.11 |
| 金融业 | 4.5 | 6.17 | 5.67 | 4.24 | 4.88 | 4.96 | 5.84 | 4.95 |
| 房地产业 | 2.42 | 2.14 | 2.2 | 2.04 | 2.01 | 2 | 2.05 | 2.75 |
| 租赁和商务服务业 | 2.02 | 9.06 | 10.22 | 9.08 | 8.72 | 9.27 | 10.18 | 10.04 |
| 科学研究技术服务地质勘查 | 23.38 | 29.37 | 30.51 | 24.38 | 27.15 | 21.52 | 30.03 | 26.76 |
| 水利环境和公共设施管理业 | 13.38 | 13.78 | 18.11 | 16.89 | 18.79 | 22.88 | 21.29 | 26.11 |
| 居民服务和其他服务业 | 0.52 | 0.36 | 0.61 | 1.01 | 0.98 | 1.11 | 0.9 | 1.73 |
| 教育业 | 7.59 | 8.78 | 10.32 | 10.52 | 11.61 | 11.24 | 12.87 | 12.01 |
| 卫生、社会保障和社会福利业 | 6.38 | 7.92 | 10.75 | 9.88 | 10.96 | 12.72 | 14.77 | 16.86 |
| 文化、体育和娱乐业 | 18.8 | 22.84 | 24.84 | 23.49 | 22.7 | 26.65 | 31.46 | 35.58 |
| 公共管理和社会组织 | 4.74 | 5.39 | 6.08 | 4.75 | 4.89 | 5.11 | 6.77 | 8.07 |

资料来源：中国经济与社会发展统计数据库。

关。通常而言，技术等级是用以衡量各行业技术工人生产能力和业务水平的尺度。从经济普查的数据来看，我国制造业产业工人的技术水平在近年来有一定程度的提高，但总体仍严重偏低，且制造业中高级技能的工人数量增长缓慢。根据 2004 年和 2008 年两次经济普查的数据，我国制造业工人中的高级工和中级工分别由 2004 年的 200.07 万人、403.83 万人上升到 2008 年的 243.07 万人和 431.21 万人，增幅分别为 21.43% 和 6.79% 高级技师和技师由 2004 年的 21.15 万人、68.16 万人上升到 39.97 万人和 105.56 万人，增幅分别为 88.98% 和 54.87%（见图 3 - 14）。具有初级、中级、高级技术职称的工人数量分别由 2004 年的 422.26 万人、249.65 万人和 71.17 万人增加到了 2008 年的 469.78 万人、266.34 万人和 82.51 万人，增幅分别为 11.25%、6.69% 和 15.93%（见图 3 - 15）。2010 年《全球制造业白皮书》指出，中国制造业高级技工缺口达 400 万人。

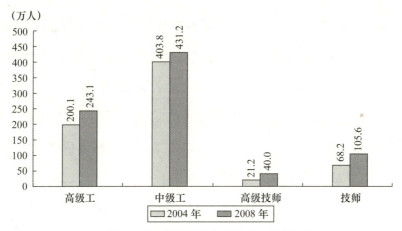

**图 3 - 14　我国制造业产业工人技能状况**

资料来源:《中国经济普查年鉴》。

从高级技能人员占比情况来看，2008 年我国制造业中的高级工、中级工、高级技师、技师分别占制造业从业人员平均人数的 2.29%、4.06%、0.38% 和 0.99%，远远落后于西方发达国家 3:5:2 的高、中、初级工的比例①。中国人力资源市场信息网监测中心在全国部分城市

---

①　张蕾:"制造业升级中提高产业工人技能问题研究"，载于《继续教育研究》，2012 年第 6 期。

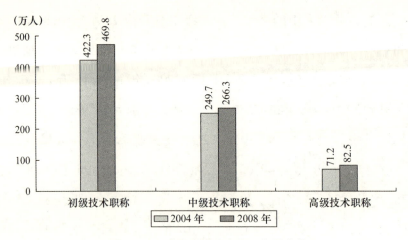

图 3 - 15　我国制造业产业工人职称状况
资料来源:《中国经济普查年鉴》。

公共职业介绍服务机构收集的劳动力市场职业供求状况信息表明，2002 年以后，各等级技能、技术劳动者的岗位空缺与求职人数比值（求人倍率）均超过了 1，技术、技能劳动者需求增速高于求职人数的增长，技术、技能劳动者处于供不应求的状态[①]；而且总体上越是较高等级，供不应求的程度就越大，如 2011 年技师、高级技师、高级工程师的岗位空缺与求职人数比值达到了 1. 88、1. 76、2. 29[②]。然而，劳动者整体的岗位空缺与求职人数比值在多数年份未超过 1[③]。这说明中国在劳动者总量过剩的同时也存在着技术、技能劳动者数量不足的现象。

　　随着中国制造业科技含量的不断提高，企业急需大量复合型的技术人才，能对技术研发、市场营销等方面进行整体把握，而不再是简单地只懂得操作机器的技术工人。为了发展我国现代制造业，必须大力加强技术培训，尽快改变技能工人缺乏的现状。

---

　　①②③　金碚:《中国工业发展报告》，2014 年，第 116 页。

## 五、进一步优化制造业人力资源配置的政策建议

### （一）改变制造业发展模式，从数量投入转向质量投入

劳动力数量的下降和劳动力成本的上升对制造业的生存和发展造成了较大的困难和挑战，劳动力供给环境严峻，在目前的背景和条件下，我国的制造业应逐步改变依赖劳动投入的发展模式，在产业结构、技术水平等方面进行升级，加强技术创新，提高劳动生产率，从依赖劳动力的数量逐步转向依靠劳动力的质量。

### （二）提升制造业产业聚集度，通过人才集聚提升劳动力质量

地区或产业的规模经济优势主要来源于群集所带来的知识溢出效应、"追赶效应"和"拉拨效应"等。在产业群集的地区，同行业的生产厂家、供应商、重要的客户以及相关产业和支持产业交织在一起，人际间的频繁接触和交流，增加了经营的"透明度"。因此，处于群集中的企业很容易获得研究开发、人力资源、信息等方面的外溢效应。外溢效应的获得可以增加整个地区以及行业内部的管理人员的管理水平和技术人员的技术水平，进而提高劳动力质量的存量水平。

### （三）加大对职业培训的投入力度

一方面应加强面向全体工人的技能提升培训，建立适应其职业生涯发展不同阶段的职业培训制度，提高产业工人的整体素质；另一方面应加大对高技能人才的工作经费投入，确保高技能人才发展重大项目的实施。同时，整合职业教育资源，围绕制造业发展的实际需求，进行培训与就业的有效对接。

### （四）加强职业院校与企业联动

改革职业院校的培养方式，主动与企业建立相互服务、资源共享、互惠互利、协同发展的关系。支持制造业的相关行业、企业与高等学校教师合作开展技术与产品开发，做好建立校内实训中心、建立学校实习工厂、建立校外实训基地、校企联合办学等四方面工作，为企业量身定向培养所需高技能人才；不断更新其理论知识和实践技能，注重培养其实践操作能力，提升其技能素养。同时，政府应在政策制定、协调关系、经费支持和质量认定等方面发挥领导和法规保障作用。

执笔人：韩　巍

**参考文献**

[1] 蔡昉，王美艳，曲玥. 中国工业重新配置与劳动力流动趋势. 中国工业经济，2009（8）

[2] 蔡昉. 中国的人口红利还能持续多久. 经济学动态，2011（6）

[3] 简泽. 市场扭曲、跨企业的资源配置与制造业部门的生产率. 中国工业经济，2011（1）

[4] 金碚. 中国工业发展报告. 2014

[5] 唐辉亮. 人力资本结构技术资本配置结构与产业转型升级能力研究. 统计与决策，2014（2）

[6] 邹雪芬. 三次产业劳动力配置效率的比较研究. 电子科技大学学报，2008（6）

[7] 袁开洪. 中国制造业发展与劳动力质量优化配置研究. 华中科技大学. 2006

[8] 袁志刚，解栋栋. 中国劳动力错配对 TFP 的影响分析. 经济研究，2011（7）

[9] 甄晓非. 我国制造业产业竞争力发展现状及提升路径研究. 内蒙古社会科学（汉文版），2015（3）

[10] 张其仔. 产业蓝皮书：中国产业竞争力报告（2014）No. 4. 社会科学文献出版社. 2014

[11] 中国经济增长前沿课题组. 中国经济增长的低效率冲击与减速治理. 经济研究，2014（12）

[12] 张蕾. 制造业升级中提高产业工人技能问题研究. 继续教育研究. 2012（6）

[13] 张若雪. 产业的转移、升级、整合与中国经济. 复旦大学，2009

[14] 甄晓非. 我国制造业产业竞争力发展现状及提升路径研究. 内蒙古社会科学（汉文版），2015（3）

第四章

# 区域间人力资源配置

- 我国人力资源区域间配置呈现劳动力流动规模大、区域间配置效率不高的特点。
- 高技能劳动力向发达地区流动的意愿高，低技能劳动力与高技能劳动力存在互补性；户籍制度限制低技能劳动力向发达地区流动；建设用地指标向中西部配置限制人口向东部地区集聚。
- 区域间人力资源配置的扭曲对全要素生产率、地区收入差距产生负面影响，城市中非户籍人口占比的增加造成社会稳定问题。
- 应进一步争取户籍制度改革，合理配置建设用地指标，促进公共服务均等化，加强发达地区公共管理水平，促进治理功能现代化。

在全球化的背景下，在工业化和城市化的进程中，中国的区域间劳动力流动为东部沿海的制造业和服务业提供了大量劳动力，促进了经济增长，对中国区域经济结构调整，甚至对全球经济的重新布局都有着重大影响。但是，由于地方竞争、区域平衡战略等因素的制约，区域间的统一大市场尚未形成，劳动力的区域间流动不充分。地方保护主义、为区域平衡而牺牲效率等做法影响了经济绩效，更造成了不少社会问题。人力资本在区域间的配置效率还有很大的提升空间。

必须以劳动力自由流动为前提，让企业自主选址，在集聚效应和拥挤效应之间做权衡。于是，具有不同的地理、自然、历史等条件的城市都达到最大化劳动生产率的最优规模，从而形成不同规模、不同功能的城市相互分工、相互依存、共同发展的城市体系。劳动力、资本、土地等要素在此体系下达到最优的配置效率。

# 一、人力资源区域配置的相关理论

地域分工①理论包括绝对优势理论、比较优势理论以及要素禀赋理论。如果某种产品的成本绝对的低，就称其具有"绝对优势"②；比较成本的优势使得一个地区在贸易中拥有成本优势产品③；而要素比例的不同是导致产品比较成本区域间有差异的关键原因，如果各个地区都以自己的要素禀赋比例差距为基础进行分工和贸易，其结果将是提高自身相对丰裕的生产要素的价格，并降低相对稀缺要素的价格，促进不同要素之间的相互替代。④

劳动力市场无效率源自信息不对称，区域经济发展水平与教育水

---

① 地域分工是指分离出来的部门在一定地域上的组合，也就是区域结构。

② 按照斯密的理解，只有生产这种占绝对优势的产品，并用之于出口换回自己不具有绝对优势的产品才是有利的，这就是"绝对优势理论"，按照该理论，一个没有任何绝对优势产品的区域就不能从对外贸易中获利，显然不太符合事实，因而其具有较大的局限性。

③ 李嘉图认为，如果成本比例在各国存在着差异，则各国通过生产各自具有比较优势的产品，在彼此间进行贸易可以使利益都有所增加，该理论为区域交换提供了规则，即选择标准为相对值的高低，而不是绝对值的高低。

④ 这里需要说明，比较优势理论和要素禀赋理论都使用相对比较原则来说明比较优势，只不过前者着眼于商品本身的差异，而后者则引入资本这一生产要素，对比较优势产生的来源作了更为科学和深刻的研究，其更加充分地论证了李嘉图的比较优势理论。但是要素禀赋理论采用的是短期静态比较分析的方法，缺乏长期动态的观点，忽视了各国拥有的资源状态是可以不断变化的这一事实，特别是技术这一经济活动中最具活力的因素，视为无差别、相对静止不变的因素，显然与事实不相符合。

平的差异导致不同地区劳动力构成也存在差异。人力资源的区域配置是以地区人力资源构成现状为基础，以物质资本与经济发展规划为依据，通过地区间劳动力迁移实现人力资本与物质资本、技术等要素合理配置的过程。人力资源的区域配置，是以区域间人力资本自由流动为前提，劳动力的流动障碍，大多来自于制度因素。在许多国家，阻碍劳动力流动的因素可能来自于政府对本地劳动者的过度保护。最低工资标准[①]的制定就是一个明显的例子，该标准的制定是为了维护工人的基本权利。此外，工会[②]对劳动力市场上工资形成机制的影响和干预，也会导致非农产业中工资高于市场均衡水平，产生类似的抑制扩大雇佣规模的效果。

区域人力资本存量不平等对于经济发展的影响是正面的，还是负面的呢？Alesina 和 Rodrik（1994），Persson 和 Tabellini（1994），Deininger 和 Squire（1996），Casstello 和 Domenech（2002）认为，区域人力资本存量不平等对经济增长具有负向作用。另有学者认为，区域人力资本存量的不平等对经济发展起到促进作用，尤其在技术变革期，区域人力资本存量的不平等带来人力资本流动性的提高以及高技术人才的集聚，可以促进技术部门发展，从而促进经济的发展（Galor 和 Tsiddon，1997）。还有学者发现，收入区域不平等与经济增长之间在中期或者短期内是一种正相关关系（Forbes，2000）。而有的学者将发

---

① 最低工资一般包含以下三个含义：获得最低工资的前提是劳动者在法定工作时间内提供了正常的劳动；最低工资标准是由政府通过立法确定的；只要劳动者提供了法定工作时间的正常劳动，用人单位支付的劳动报酬不得低于政府规定的最低工资标准，各个国家基本都有最低工资立法的相关规定。我国大陆现实推行的最低工资制度始于 2003 年，各个省份之间存在着差异。香港地区 2013 年的最低工资标准是每小时 32.5 港元。

② 工会，即 Trade Union，始于西方工业革命，当时越来越多的农民离开赖以为生的农业涌入城市，为城市的工厂雇主打工，但是工资低廉且工作环境极为恶劣。在这种情况下，单个的被雇佣者无力对付强有力的雇主，从而诱发工潮的产生，导致工会组织的诞生。1990 年琼斯夫人所领导的工会运动，就是一个很好的例子。

展中国家与发达国家分别进行研究，认为发展中国家的区域发展不平等性与经济发展水平之间呈现正相关关系，而发达国家情况正好相反（Barro，2000）。

实现人力资源区域间的合理配置，优化人力资源结构，需要一定的经济环境作前提。国家内部合理的地区迁移政策是劳动力区域流动的前提，合理安置新引入的劳动力更快适应社区，享受本地住房、医疗、教育、托幼、养老等一系列福利，是人力资源区域配置的重要内容[1]。

对于我国区域人力资源配置在经济增长中的作用问题，有学者认为人力资本差异是造成区域经济差异的主要原因（蔡昉，2000；沈坤荣，2002；闫淑敏，2002），也有学者认为人力资源的区域配置差距是区域经济发展差距的结果，人力资本不平等和人力资本水平具有强负相关关系，人力资本基尼系数与地区经济发展之间存在强负相关关系（李亚玲、汪戎，2006）。而我国经济发展梯度差别大，不同地区间人力资本相差较大，中西部经济发展较落后地区人力资源流失严重，人力资源呈梯级流动特征，即人力资本由欠发达地区逐级向发达地区流动（叶忠海，2013）。而各省人力资本对经济增长有明显推动作用，中西部省份的技能型人力资源配置效率低于东部发达省份（陈晓迅，2013）。

人力资本区域配置的研究为国家宏观经济政策与政策制度制定提供理论依据，应合理调配不同区域间人力资源配置，通过税收、财政

---

[1] 为保护劳动者的合同法权益，早在1994年，全国人大常委会就通过了《劳动法》，对促进就业、劳动合同、集体合同、工作时间、休假、劳动报酬、劳动安全卫生、女职工和未成年工特殊保护、职业培训、社会保险和福利、劳动争议、劳动监督检查、法律责任等方面进行了规定。2008年，一系列新的劳动力市场法律出台，包括《劳动合同法》《就业促进法》《劳动争议调解仲裁法》等。

等手段改善区域间人力资源配置的不均衡状态，实现人力资源的均衡配置、地区间经济的均衡发展。

## 二、区域间人力资源配置效率显著提升

### （一）区域间劳动力流动规模巨大

由于中国幅员辽阔而地区间的地理条件差异又非常之大，改革开发以来，市场力量使得地理条件的差异成了区域经济发展差异的基本决定因素。具有地理优势的东部沿海地区在发展外向型的制造业方面更加具有优势，从而出现了东部地区的制造业集聚以及大量的资本和劳动力流入到东部地区。市场的力量对于改革以前人为均等化的资源配置体制起到了纠正作用，导致了改革后地区间差距的扩大。有鉴于此，中央政府采取了一些向中西部地区倾斜的政策，如用地指标的分配、地区间的转移支付等，试图缩小区域差距，促进区域平衡发展。同时，一些地方政府在分权的体制下动用自己的经济和行政力量，采取了一些逆市场的政策分割市场，其初衷是通过阻碍市场整合的政策来获取更多的地方利益，但其结果却是导致国内市场的分割和重复建设，不利于地区间资源配置效率的提高。就是在这样两股方向相反的力量之下，中国的区域经济发展和区域间差距得以逐步的演化。

在全球市场一体化和国内市场分割的背景下，中国出现了规模日益庞大的劳动力跨地区流动，以从内地流向东南沿海城市为主。孙自铎（2004）在对有关数据进行计算后得出结论：外来农民工对沿海地区的经济发展作出了重大贡献，外来劳动力创造的 GDP 分别相当于北京 GDP 总量的 32%、上海的 31%、广东的 30%、江苏的 11%、浙江

的 17%和福建的 16.8%，这些省市社会财富的 1/6 至 1/3 是由外来农民工创造的。

改革开放之后，中国经济开始逐步加入全球化进程，劳动力相对质优价廉的比较优势，使得中国进入了全球生产链的劳动密集型环节，特别是出口加工型制造业。由于出口加工型制造业布局在靠近东南沿海的地方能够节省运输成本，因此，外资也大量集中在沿海省份。相应的，大量制造业的新增就业岗位也产生于沿海省份。这就导致了中国劳动力从内地向沿海的流动（段成荣等，2008）。

根据国家统计局发布的《2014 年全国农民工监测调查报告》，在全部农民工中，16425 万人在东部地区务工，与上年增加 251 万人，增长 1.6%；5793 万人在中部地区务工，比上年增加 93 万人，增长 1.6%；5105 万人在西部地区务工，比上年增加相比，西部地区本地农民工增长了 4.1%。

表 4 - 1                2014 年外出农民工地区分布及构成

| 按输出地分 | 外出农民工总量（万人） | | | 构成（%） | | |
|---|---|---|---|---|---|---|
| | 外出农民工 | 跨省流动 | 省内流动 | 外出农民工 | 跨省流动 | 省内流动 |
| 合计 | 16821 | 7867 | 8954 | 100.0 | 46.8 | 53.2 |
| 东部地区 | 5001 | 916 | 4085 | 100.0 | 18.3 | 81.7 |
| 中部地区 | 6467 | 4064 | 2403 | 100.0 | 62.8 | 37.2 |
| 西部地区 | 5353 | 2887 | 2466 | 100.0 | 53.9 | 46.1 |

外出农民工中，跨省流动农民工 7867 万人，比 2013 年增加 129 万人，增长 1.7%，占外出农民工总量的 46.8%，比 2013 年提高 0.2 个百分点。分区域看，东部地区外出农民工 18.3%跨省流动，比上年提高 0.5 个百分点；中部地区外出农民工 62.8%跨省流动，比上年提高 0.3 个百分点；西部地区外出农民工 53.9%跨省流动，比上年下降 0.2 个百分点。参见表 4 - 2。

表4－2　　　　　　2014年外出农民工流向地区分布及构成

|  | 合计 | 直辖市 | 省会城市 | 地级市 | 小城镇 | 其他 |
|---|---|---|---|---|---|---|
| 外出农民工总量（万人） | 16821 | 1359 | 3774 | 5752 | 5864 | 72 |
| 其中：跨省流动（万人） | 7867 | 1107 | 1783 | 3163 | 1742 | 72 |
| 省内乡外流动（万人） | 8954 | 252 | 1991 | 2589 | 4122 | 0 |
| 外出农民工构成（%） | 100.0 | 8.1 | 22.4 | 34.2 | 34.9 | 0.4 |
| 其中：跨省流动（%） | 100.0 | 14.1 | 22.7 | 40.2 | 22.1 | 0.9 |
| 省内乡外流动（%） | 100.0 | 2.8 | 22.2 | 28.9 | 46.1 | 0.0 |

　　按输出地分，东部地区农民工10664万人，比上年增加210万人，增长2.0%，东部地区农民工占农民工总量的38.9%；中部地区农民工9446万人，比上年增加111万人，增长1.2%，中部地区农民工占农民工总量的34.5%；西部地区农民工7285万人，比上年增加180万人，增长2.5%，西部地区农民工占农民工总量的26.6%。西部地区农民工增长速度分别比东部、中部地区高出0.5和1.3个百分点。

　　在外出农民工中，流入地级以上城市的农民工10885万人，占64.7%，比上年提高0.8个百分点。其中，8.1%流入直辖市，比上年下降0.4个百分点；22.4%流入省会城市，比上年提高0.4个百分点；34.2%流入地级市，比上年提高0.8个百分点。跨省流动农民工77%流入地级以上大城市，比上年提高0.4个百分点；省内流动农民工53.9%流入地级以上大城市，比上年提高1个百分点。

　　分地区看，在东部地区务工的农民工人均月收入2966元，比上年增加273元，增长10.2%；在中部地区务工的农民工人均月收入2761元，比上年增加227元，增长9%；在西部地区务工的农民工人均月收入2797元，比上年增加246元，增长9.6%。在东部地区务工的农民工人均月收入增速分别比在中、西部地区务工的农民工高1.2和0.6个百分点。

农民工人均月收入 2864 元，比上年增加 255 元，增长 9.8%。外出农民工月均生活消费支出人均 944 元，比上年增加 52 元，增长 5.8%。外出农民工月均居住支出人均 445 元，比上年减少 1.8%，居住支出占生活消费支出的比重为 47.1%，比上年下降 3.6 个百分点。参见表 4－3。

表 4－3　　外出农民工在不同地区务工月均生活消费和居住支出

| | 生活消费支出（元/人） | | 其中：居住支出（元/人） | | 居住支出占比（%） | |
| --- | --- | --- | --- | --- | --- | --- |
| | 2013 年 | 2014 年 | 2013 年 | 2014 年 | 2013 年 | 2014 年 |
| 合　计 | 892 | 944 | 453 | 445 | 50.7 | 47.1 |
| 东部地区 | 902 | 954 | 454 | 447 | 50.3 | 46.8 |
| 中部地区 | 811 | 861 | 441 | 414 | 54.3 | 48.0 |
| 西部地区 | 909 | 957 | 443 | 449 | 48.7 | 46.9 |

分区域看，在东部地区务工的农民工"五险一金"参保率分别为：工伤保险 29.8%、医疗保险 20.4%、养老保险 20.0%、失业保险 12.4%、生育保险 9.1%、住房公积金 6.0%，均好于中、西部地区。但在中、西部地区务工的农民工"五险一金"的参保率提高较快。参见表 4－4。

表 4－4　　2014 年分地区农民工参加"五险一金"的比例　　　单位:%

| | | 工伤保险 | 医疗保险 | 养老保险 | 失业保险 | 生育保险 | 住房公积金 |
| --- | --- | --- | --- | --- | --- | --- | --- |
| | 东部地区 | 29.8 | 20.4 | 20.0 | 12.4 | 9.1 | 6.0 |
| | 中部地区 | 17.8 | 11.8 | 10.7 | 6.9 | 4.9 | 4.7 |
| | 西部地区 | 21.9 | 13.6 | 11.4 | 7.7 | 5.8 | 4.4 |
| 比上年增加 | 东部地区 | 1.0 | 0.1 | 0.4 | 0.7 | 0.4 | 0.4 |
| | 中部地区 | 1.6 | 1.2 | 0.7 | 1.0 | 0.7 | 0.6 |
| | 西部地区 | 0.4 | 0.8 | 0.7 | 1.1 | 0.8 | 0.7 |

需要指出的是，在城镇地区获得户籍的难度在不同地区有所不同。吴开亚、张力、陈筱（2010）构造了 4 个直辖市、27 个省会城

市、15 个其他级别城市的"落户门槛指数",发现落户门槛指数居高的城市主要位于东部沿海地带,而落户门槛低的城市则相对集中在中部。因为在非均衡增长的条件下,一些主导产业或部门集中于某些地区或大城市,以较快的速度优先得到发展,形成增长极。劳动力、资金、技术等生产要素向发达地区流动,发达地区越来越发达,地区间经济发展水平上的差距趋于扩大,形成了"中心–外围"的分工模式。发达地区对劳动力具有更强的吸引力,在承载能力有限的情况下,不得不采取一些歧视性的限制措施,将外地的低素质劳动力排除在外。

从时间序列来看,1990 年,我国劳动力流动规模人数达 1983 万人,1995 年,劳动力流动规模人数为 4758 万人。2000 年,劳动力流动人数增长至 14439 万人,其中跨省流动劳动力为 4242 万人,占比为 29.4%;2005 年,劳动力流动规模 14735 万人,跨省流动规模为 4779 万人,占比为 32.4%;2010 年,劳动力流动规模为 26139 万人,跨省流动规模为 8588 万人,占比为 32.9%。

表 4 – 5　　　　　1990 ~ 2010 年中国劳动力流动规模

| 年　份 | 全国劳动力流动规模<br>（万人） | 跨省劳动力流动规模<br>（万人） | 跨省劳动力流动所占比重<br>（%） |
|---|---|---|---|
| 1990 | 1983 | — | — |
| 1995 | 4758 | — | — |
| 2000 | 14439 | 4242 | 29.4 |
| 2005 | 14735 | 4779 | 32.4 |
| 2010 | 26139 | 8588 | 32.9 |

资料来源:中国 1990 年、2000 年、2010 年三次人口普查数据和 1995 年、2005 年两次 1% 人口抽样调查统计公报。

可以看出,我国劳动力流动规模逐年增加,且增加幅度较大。从1990 年的 1983 万人,增加到 2010 年的 26139 万人,增加了 12 倍。而劳动力流动主要是省内劳动力流动，跨省劳动力流动规模也逐年增加，占总劳动力流动的比例在增加。

由表4-6可以看出，我国沿海地区劳动力净迁入逐年增加，且华南沿海地区对劳动力的吸引力最大，华东沿海地区次之。而内陆地区的劳动力净迁出率逐年增加，尤其是长江中游、西南地区为劳动力迁出的主要地区，东北地区、黄河中游地区劳动力净迁出率逐年增加，长江中游地区、西南地区劳动力净迁出率在2001~2004年区间有所减小。

表4-6　　　　　三个时期省级劳动力净迁移率　　　　单位:%

| 地　区 | | 合　计 | | |
| --- | --- | --- | --- | --- |
| | | 1985~1990年 | 1995~2000年 | 2001~2004年 |
| 沿海 | 华北沿海 | 0.46 | 1.19 | 1.16 |
| | 华东沿海 | 0.37 | 3.4 | 3.03 |
| | 华南沿海 | 0.5 | 6.46 | 6.46 |
| 内陆 | 东　北 | -0.13 | -0.54 | -1.38 |
| | 黄河中游 | -0.08 | -1.29 | -2.65 |
| | 长江中游 | -0.24 | -4.53 | -0.96 |
| | 西　南 | -0.64 | -2.86 | -1.85 |
| | 西　北 | 0.08 | 1.12 | 4.3 |
| 地　区 | | 高技能劳动力 | | |
| | | 1985~1990年 | 1995~2000年 | 2001~2004年 |
| 沿海 | 华北沿海 | 5.5 | 5.35 | 14.96 |
| | 华东沿海 | 3.02 | 5.35 | 19.72 |
| | 华南沿海 | 1.87 | 5.17 | 6.73 |
| 内陆 | 东　北 | -0.5 | -2.63 | -13.26 |
| | 黄河中游 | -0.9 | -7.16 | -11.06 |
| | 长江中游 | -2.17 | -27.36 | -13.07 |
| | 西　南 | -9.81 | -22.19 | -26.34 |
| | 西　北 | -0.74 | -2.82 | 10.17 |

续表

| 地　区 | | 低技能劳动力 | | |
| --- | --- | --- | --- | --- |
| | | 1985～1990 年 | 1995～2000 年 | 2001～2004 年 |
| 沿海 | 华北沿海 | 0.36 | 0.98 | －0.5 |
| | 华东沿海 | 0.31 | 3.3 | 1.01 |
| | 华南沿海 | 0.49 | 6.51 | 1.8 |
| 内陆 | 东　北 | －0.12 | －0.41 | －0.77 |
| | 黄河中游 | －0.07 | －1.07 | －2.01 |
| | 长江中游 | －0.21 | －3.79 | －0.11 |
| | 西　南 | －0.54 | －2.36 | －0.27 |
| | 西　北 | 0.09 | 1.28 | 3.41 |

资料来源：根据《1990 年中国人口普查资料》《2000 年中国人口普查资料》（长表）和《中国劳动统计年鉴》（2002～2005 年）推算。

而从迁移的劳动力高、低技能划分来看，高技能劳动力是迁移的主要人群，沿海地区高技能劳动力净迁入率较高，西南、中部地区高技能劳动力的净迁出率也较高；而低技能劳动力的迁移相对较少。说明，在我国区域间劳动力流动人口中，高技能劳动力是地区迁移的主力军。

### （二）人力资源的区域间配置效率不断提高

#### 1. 各地区单位产值就业人数有较大差别

图 4-1、图 4-2 给出我国 2000 年、2014 年 31 个省份亿元产值就业人数，可以看出，我国从 2000～2014 年亿元产值就业人数不断减少，2000 年，我国各个省份亿元产值就业人数在 10000～20000 之间，2014 年，我国各个省份亿元产值就业人数在 500～2000 之间，说明我国各个省份的劳动力生产效率提高。而从不同省份看，亿元产值就业人数差别较大，相对来说，经济发展水平较高地区，亿元产值就业人数较小，而经济欠发达地区，亿元产值就业人数较多。说明，我国不

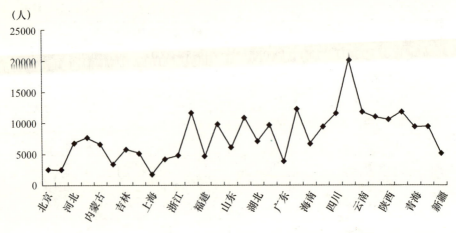

**图 4 - 1　2000 年 31 省份（市）亿元产值就业人数**

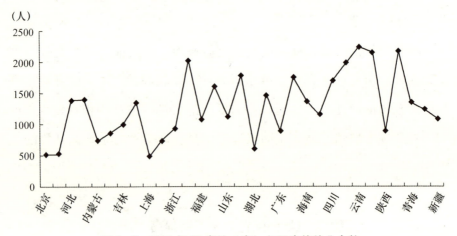

**图 4 - 2　2014 年 31 省份（市）亿元产值就业人数**

同地区之间的劳动力利用效率存在着差别，劳动力区域间配置存在不同。

### 2. 区域间人力资源配置效率总体呈提高趋势

我国区域间人力资源配置效率总体呈现不断提升趋势。本部分用各个地区就业人数占比与地区生产总值占比的比值来表示劳动力配置效率指数，当指数为 1 时，说明配置效率最高，而偏离 1 越远，说明地区劳动力配置效率越低。如表 4 - 7 所示。可以看出，总体来说，各个地区的劳动力配置效率增加的，经济发达地区的劳动力配置指数小于1，而经济欠发达地区的劳动力配置指数大于1。

表 4－7　　　　　各个省份（市）劳动力配置效率指数

| 年份<br>省份 | 1990 | 2000 | 2010 | 2014 |
|---|---|---|---|---|
| 北　京 | 0.355 | 1.413 | 1.914 | 0.501 |
| 天　津 | 0.466 | 0.942 | 0.993 | 0.473 |
| 河　北 | 1.124 | 0.860 | 1.012 | 1.258 |
| 山　西 | 1.105 | 2.308 | 2.243 | 1.436 |
| 内蒙古 | 1.108 | 1.641 | 0.924 | 0.709 |
| 辽　宁 | 0.611 | 1.709 | 1.306 | 0.774 |
| 吉　林 | 0.955 | 1.705 | 1.043 | 1.006 |
| 黑龙江 | 0.809 | 1.867 | 2.705 | 1.287 |
| 上　海 | 0.289 | 0.708 | 1.094 | 0.517 |
| 江　苏 | 0.781 | 0.617 | 0.397 | 0.615 |
| 浙　江 | 0.759 | 0.318 | 0.581 | 0.691 |
| 安　徽 | 1.409 | 0.977 | 1.125 | 1.460 |
| 福　建 | 0.949 | 0.420 | 0.613 | 0.792 |
| 江　西 | 1.486 | 1.310 | 0.956 | 1.453 |
| 山　东 | 0.918 | 0.719 | 0.781 | 0.827 |
| 河　南 | 1.514 | 0.950 | 0.978 | 1.360 |
| 湖　北 | 1.078 | 1.103 | 0.980 | 1.069 |
| 湖　南 | 1.346 | 1.041 | 0.939 | 1.249 |
| 广　东 | 0.705 | 0.461 | 0.463 | 0.792 |
| 广　西 | 1.551 | 1.038 | 0.957 | 1.520 |
| 海　南 | 1.062 | 1.689 | 1.516 | 1.291 |
| 重　庆 | — | 1.706 | 1.067 | 1.051 |
| 四　川 | 1.488 | 1.048 | 1.072 | 1.434 |
| 贵　州 | 2.054 | 1.831 | 1.914 | 1.908 |
| 云　南 | 1.352 | 1.053 | 1.187 | 1.847 |
| 西　藏 | 1.511 | 0.762 | 1.074 | 1.712 |
| 陕　西 | 1.341 | 1.778 | 1.622 | 1.074 |

| 年份<br>省份 | 1990 | 2000 | 2010 | 2014 |
|---|---|---|---|---|
| 甘　肃 | 1.523 | 2.128 | 1.814 | 1.907 |
| 青　海 | 1.061 | 1.429 | 0.978 | 1.267 |
| 宁　夏 | 1.200 | 2.201 | 1.496 | 1.200 |
| 新　疆 | 0.912 | 2.151 | 2.594 | 1.232 |
| 加权平均指数 | 1.44 | 1.624 | 1.547 | 1.409 |

资料来源：《中国统计年鉴》《中国人口与就业统计年鉴》。

从加权平均指数来看，我国劳动力配置效率呈现出不断提高的态势，从 1990 年的 1.44，在 2000 年略有上升，此后在 2010 年、2014 年都有所下降，说明我国各个地区的劳动力配置效率是不断提高的。

## 三、我国区域间人力资源流动的结构性问题

当前，中国的区域间人力资本流动面临着人口向发达地区流动的内在动力和发达地区承载能力有限的矛盾。中国有句古话叫"人往高处走"，虽然发达地区存在着这样那样的就业门槛，无论是高技能劳动力还是低技能劳动力，都有很强的往发达地区流动的意愿，因为那里工资高、就业机会多。

然而，随着经济的发展和人口的流入，发达地区的城市管理问题日益突出。特别是在大城市，交通拥堵、环境恶化、城市内部收入差距扩大等"大城市病"日益严重，不少发达地区和大城市就出台了一些制度安排，提高外来劳动力就业成本，甚至设置政策性壁垒来限制外来劳动力进入，特别是低技能劳动力的进入。

### （一）高技能劳动力愿意流向发达地区

高技能劳动力愿意流向发达地区，因为他们的生产率比较高。美国的数据表明，过去几十年间，新增的大学毕业生更多的是向大学毕业生比重本来就比较高的发达地区集聚（Moretti，2004b）。若以学历来衡量技能水平，则高技能劳动力更高的生产率可体现在私人的教育回报率上。改革开放以来，我国的教育回报率逐步上升。

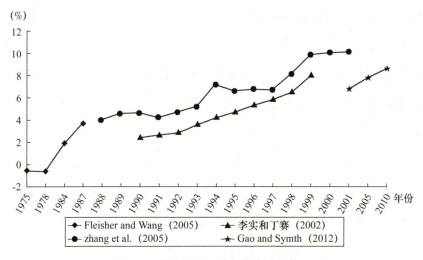

**图4-3 教育回报率的长期变动趋势**

资料来源：梁文泉，陆铭（2015）。

教育回报率在1978年仅为-0.642%，到了1987年则上升为3.707%；在整个90年代，从1990年的2.43%上升到1999年的8.1%；2000年之后，从2001年的6.78%上升到2010年的8.6%。梁文泉、陆铭（2015）用2005年1%人口普查的微观数据，在控制了年龄、年龄平方、性别、民族和婚姻状况后，发现一年教育水平的提高平均会提高工资水平13.2%。

最近有研究表明，发达地区对劳动力流动的吸引力还体现在人力资本的正外部性上，也就是教育的社会回报率要高于教育的私人回报率。Liu（2007）采用1988和1995两年的CHIPS数据发现，中国城市的教育外部回报率在 4.9% ~ 6.7% 之间，高于同一时期的教育的私人回报率。李小瑛、陈广汉、张应武（2010）发现，截至 2006 年，城镇地区接受高等教育的人口比例提高 1%，工人的工资将提高 1%。Jayet 和 Lu（2010）发现，城市的平均受教育年限越高，城市人口规模越大，城市的平均工资水平越高；而且，教育的社会回报随着个人教育水平的提高而递减，而城市人口规模则更加能够给高收入者带来正的回报。梁文泉、陆铭（2015）发现，城市中高技能劳动者的比例每增加 1 个百分点，城市劳动力的工资会上涨 2.88 ~ 3.14 个百分点；个人受教育年限每增加 1 年，小时工资会增加 10.5 个百分点；城市人均受教育年限每增加 1 年，个人收入会增加 15.5 个百分点。他们估计出教育私人回报率为 10.1% ~ 10.3%，而教育的社会回报率为 19.6% ~ 22.7%，几乎是教育私人回报率的两倍。高技能者的存在会促进城市平均劳动力工资的提高。另外，高技能劳动力产生的正外部性也体现在其他方面，比如犯罪率。高技能劳动力数量的增加，可能会促进城市犯罪率减少，并形成模范效应，带来城市总体犯罪率下降，提高城市的吸引力（Moretti，2004a）。

人力资本外部性主要是通过人与人之间面对面的交流产生的（Glaeser，1999），只局限于很小的地理范围之内（Fu，2007）。这会导致更多的高技能劳动力集聚在发达的都市地区（特别是大城市），以享受人力资本外部性。

**（二）发达地区高、低技能劳动力之间的互补性更强，吸引劳动力流入**

高、低技能劳动力之间具有互补性，两者能够互相促进对方劳动生产率的提高。梁文泉、陆铭（2015）分析 2005 年的人口普查微观数据发现，当城市高技能劳动力的比例增加 1 个百分点时，高技能劳动力的小时工资会增加 6.11 个百分点，而低技能劳动力的工资会增加 7.17 个百分点。高、低技能劳动力之间的互补性不光提高了两者的劳动生产率，也促进了两者的就业。他们分析2000~2010 年的人口普查数据发现，2000 年高技能劳动力的比例每增加 1 个百分点，则在 2000~2010 年之间，高技能劳动力的比例显著增加 1.129 个百分点，中等技能劳动力显著减少1.479 个百分点，低技能劳动力会增加0.351 个百分点。

发达地区中高、低技能劳动力的互补性更强。发达地区具有更多的高技能劳动力，具有更强的人力资本外部性，这必然会促进高技能劳动力之间的互补。Eeckhout 等人（2014）首次从城市经济学角度来考察技能互补，并利用美国数据分析大、小城市的技能分布，发现在大城市中具有更高比例的高技能劳动力和低技能劳动力，而中等技能劳动力的比例则更低，大城市会促进技能互补。那为什么发达的大城市会促进技能互补？原因可能是以下三点。

一是劳动力分工。当市场容量增加的时候，会促进劳动力的分工更为细化，劳动力彼此之间的联系更为紧密，更容易出现技能互补。

二是人力资本外部性。人力资本外部性的存在会提升高技能劳动力周围劳动力的生产率。存在劳动力分工时，不同技能的人会从事符合各自比较优势的职业，存在外部性的情况下，高技能劳动力的增加会提高高技能劳动力的生产率，也会促进低技能劳动力生产率的提高。因此，大城市会促进高、低技能互补。

三是消费外部性。就业工资的上涨会增加从事家务的机会成本。对于高技能劳动力而言，从事家务的机会成本更高，他们会将家务活动等低端服务业外包给从事家政、餐饮等消费型服务的低技能劳动力。同时，收入水平的提高还会增加其他诸如医疗、艺术、法律等高端服务业的服务需求，而它们的从事人员主要是高技能劳动力。大城市会通过外部性、分享和匹配等机制提升高技能劳动力的工资，促进高技能劳动力将更多的家务活动外包，同时增加对消费型服务业的需求，进而会增加消费型服务业的就业量。据估计，城市中每增加1个高技能岗位，就会增加5个消费型服务业的岗位，其中2个是医疗、艺术、法律等高技能劳动力从事的岗位，3个是餐饮、收银员等低技能劳动力从事的岗位（Moretti，2012）。

**（三）户籍制度限制了低技能劳动力进入发达地区，抑制了劳动力互补性的发挥**

虽然发达地区的劳动力收入更高，但其生活成本也更高。通过权衡可得的收入和相应的生活成本，劳动力选择不同的城市以获得效用最大化。在劳动力自由流动时，同类技能的劳动力在不同城市之间会获得同等的效用水平，进而达到空间均衡。一旦阻碍劳动力的自由流动，劳动力无法流动到本可以获得更高效用的发达地区，这就扭曲了区域间的人力资源配置，造成了效率损失。

2005年人口普查微观数据显示，大城市的人均受教育年限为9.785年，而小城市的为8.465年，二者之差为1.32年。大城市具有更高比例的高技能和中等技能劳动者，但低技能劳动力的比例却更低（表4-8）。

美国的大城市中集聚了更高比例的高技能劳动力和低技能劳动力，而中国的大城市聚集了更多的高技能劳动力，却没有更高比例的低技能劳动力。这背后的原因可能是中国的户籍制度等阻碍劳动力流动的因素，提高了低技能劳动力向大城市流动和定居的成本。

表4-8                            大、小城市的技能分布比较

| 城市规模 | 高技能 | 中技能 | 低技能 | 人均受教育年限 |
|---|---|---|---|---|
| 小城市 | 1.87% | 17.9% | 80.3% | 8.465 |
| 大城市 | 5.97% | 27.6% | 66.4% | 9.785 |

注：1. 高技能指的是大学本科以上学历者，中等技能指的是大专和高中学历者，低技能指的是初中及初中以下学历者。

2. 大城市指的是人口大于250万的城市，小城市指的是人口小于100万的城市。

户籍制度至今仍然深刻地影响到居民生活的方方面面。缺乏所在城市的户籍，会在劳动就业、社会保障、公共服务等方面受到种种歧视。户籍制度是偏向高技能的，它的影响体现在两方面。其一，户籍制度基本上不会阻碍高技能劳动力的自由流动，更常见的情况却是高技能劳动力为了享受户籍背后所包含的公共服务，宁愿让渡部分工资以获得大城市的户籍，而不是到其他城市寻找更为匹配的工作，这种人力资本在空间上的错配必然会有损整个国家福利。其二，户籍制度阻碍低技能劳动力自由流动到收入更高和就业机会更好的城市，这不但导致个人福利无法得到改进，而且也会抑制技能互补，进而降低高技能劳动力的生产率。

户籍制度影响了城市的技能分布，进而会抑制高、低技能互补。Liang 和 Lu（2014）考察了企业内的技能互补情况，并分析户籍制度对企业内技能互补的影响。相比于非国有企业，在国有企业的员工更容易落户，因而在落户更难的大城市中，国有企业就更倾向于用本地的低技能劳动力来替代外地的高技能劳动力，这必然会造成国有企业具有更高比例的高技能劳动力。实证发现，相比于非国有企业，国有企业内不容易出现技能互补，并且大城市更不容易出现技能互补。而一旦控制城市的落户门槛指数，国有企业和非国有企业之间的企业内技能互补的差别会缩小；不同城市之间在企业内技能互补方面的差别

也大大缩小。结论表明，户籍制度的确会抑制企业内的技能互补。

此外，当存在户籍限制时，外来移民（尤其是低技能劳动力）无法在大城市落户，无法享受所在城市的医疗、教育等公共服务，只能将老人和小孩留在老家，并且导致妇女更多地留在老家照顾老人和小孩。家人分离一方面会影响孩子教育、成长和老人的健康，另一方面会导致外来移民更多地将工资寄回老家，进而降低所在城市的消费需求和本地居民的工资。梁文泉、陆铭（2015）利用 CHIPS2002 年移民的样本算出城市每个移民寄回家钱的均值，乘以 2005 年的人口普查微观数据中每个城市的移民数量，得到每个城市中移民寄回家钱的总额，然后估计它对本地居民工资的影响。结果发现，城市移民寄回老家的钱每增加 1 元，会使得城市本地人的工资减少 0.2 元。其中的原因在于，移民寄回家的钱越多，则在所处城市消费的钱越少，减少的消费需求不利于城市岗位的增加，会减少城市移民的就业量，也会减少本地居民的工资。考虑到城市移民大都是低技能劳动力，户籍制度通过减少消费外部性抑制了城市内的高低技能互补。

### （四）建设用地指标向中、西部配置限制了人口向东部沿海地区集聚

根据中国 287 个地市级城市 2000～2010 年的人口普查数据计算，在过去的三十多年间，大量的人口向东南沿海城市集聚，尤其是长江三角洲和珠江三角洲。广东省吸引了最多的人口转移，占比从 1982 年的 5.23% 提高到 2005 年的 22.37%，转移到长三角的占比也从 11.27% 提高 20.58%。从移民的空间分布来看，2000 年之后，人口大量向东南沿海地区集聚的趋势并没有改变，吸引外来人口最多的省份（或直辖市）仍然是广东、浙江、江苏和上海。

　　人口向东部地区流动的趋势也面临着土地制度的障碍。为了保障粮食安全和保持一定数量的耕地，中国实行了建设用地指标配给制度，每一年给出建设用地开发的指标总数，不能突破。这个总数的分配虽然也要考虑不同地方的不同经济发展需要，但采取了偏平均主义的方式。在 2003 年前后，建设用地指标的配置更是被作为支持中、西部地区发展的政策手段。1999 年 4 月国务院批准的《1997～2010 年全国土地利用总体规划纲要》强调了统筹平衡各区域用地，主要体现在对东南沿海区和环渤海区建设用地规模扩大加强限制。根据历年《国土资源年鉴》中"国有（建设）土地供应出让情况"计算，中、西部省份土地供给占全国土地供给的比重在 2003 年之后明显上升。

　　综上所述，首先，因为高技能劳动力不但自身具有更高的生产率，而且也会产生可观的人力资本外部性，提高其他居民的劳动生产率，所以高技能劳动力是城市发展的引擎，它会促进城市工资提升、人口增加。其次，城市发展也离不开低技能劳动力。高、低技能劳动力之间存在互补性，并且大城市会促进技能互补，使得大城市中不仅有更多的高技能劳动力，也有更多的低技能劳动力。但是，偏向高技能劳动力的落户政策使得大城市具有相对更多的高技能劳动力和相对更少的低技能劳动力，高、低技能劳动力的互补性发挥不充分，不利于城市的发展和对经济增长的带动作用。

　　如果错误地认为城市化过程中产业的升级换代只需要更高生产率的高技能劳动力，却忽略与高技能者互补的低技能劳动力，则必然不利于城市的健康发展。在后工业化时代的城市中，服务业是发达地区发展的关键，而低技能劳动者是消费性服务业的供给者，若将低技能劳动力排斥在城市之外，对经济发展和城市竞争力带来的负面影响将更巨大。在区域发展过程中，不仅要创造条件促进高技能劳动力的集聚，也要逐步减少甚至消除对于低技能劳动力的制度性歧视。

# 四、区域间人力资源配置扭曲产生的弊端

在"中心－外围"的分工体系下，后进地区为了摆脱对发达地区的"依附"，会采取地方保护的政策，将本地市场和外部市场分割开来，抵御外部经济对本地资源的"虹吸"效应。这种地方保护不利于形成统一的国内大市场，因而受到了广泛的批评。需要指出的是，发达地区也存在着要素市场的地方保护，人为提高劳动力流动成本，限制劳动力的充分流动，造成了区域间人力资源配置的扭曲。它不利于后进地区通过劳动力输出来分享发达地区经济增长的成果，也不利于充分发挥劳动力的互补性，造成了效率损失。

一是不利于提高中国经济增长的全要素生产率。如前所述，在市场力量的作用下，经济集聚趋势仍在继续，使得东部沿海地区进一步吸引劳动力流入。但是，政府明显加强了通过行政手段引导资源向中、西部流动的政策措施。虽然这些平衡区域发展的政策的确实现了区域经济总量的收敛，但这是以劳动力未充分流动、资源配置的行政化和要素价格扭曲为前提的，其代价则是 2003 年之后中国经济出现了明显的全要素生产率（TFP）增长放缓和资源配置效率的损失，并将对当前的区域平衡政策的可持续性构成威胁。

二是不利于缩小地区间收入差距。地区间收入差距始终是中国收入差距巨大的重要因素，而如果进一步把地区间收入差距分解成城乡收入差距和城市内部、农村内部收入差距，会发现地区间收入差距与城乡间收入差距大有很大关系——地区间收入差距中 70% ~80% 可以由城乡间收入差距来解释。

　　城市化过程中，劳动力向生产率更高的地区流动，可以提高其劳动生产率，有助于缩小收入差距，但由于城市倾向性的经济政策的实施以及经济开放等其他因素有更强的扩大收入差距的作用，使得收入差距未在城市化进程中缩小。因此，打破城乡和区域分割、促进劳动力的充分流动成了降低区域间收入差距的必要条件。

　　三是城市内部的非户籍常住人口比重持续上升，社会风险加剧。中国的城市常住人口中，有着相当一部分的非本地户籍人口，并且随着城市化水平的提高，这一部分人口的比例在不断提高。在城市里，因为没有当地户籍，外来人口的收入、教育回报均较低。户籍和非户籍人口的差距形成了城市内部新的二元分割。城市内部的二元社会一旦形成，就会持续存在，并带来一系列的社会后果，不利于城市的和谐发展。城市内部分割会影响到信任水平。用上海数据进行的实证研究发现，非本地户籍人口对小区居民的信任、社会信任以及公共信任的水平更低。城市户籍与非户籍人口之间的收入差距还降低了人们的幸福感。另外，城市的外来人口缺乏有效的利益诉求机制，在公共参与方面，外来人口表现得更为消极，其中部分的原因是现有制度对他们的公共参与形成制约。而这些相对弱势的外来人口还出现了聚居在一起的现象，这就可能通过社区内的相互影响加剧社会风险。

## 五、促进区域间人力资源优化配置的对策措施

　　当前，阻碍生产要素在城乡间和地区间流动和再配置的制度主要就是户籍制度和土地制度。由于地方政府提供的公共服务往往是与户籍身份挂钩的，因此，公共服务制度也相应地成了劳动力流动的障碍。而与此相连的更深层次的制度背景则是分税制之下地方政府承担公共

服务支出的制度以及地方政府官员所面临的 GDP 增长考核制度。因此，如果要促进劳动力流动，就必须进行一系列的综合配套改革，而这一系列改革的切入点则是户籍制度改革。

### （一）争取户籍制度改革的进一步突破

十八届三中全会提出，要加快户籍制度改革，全面放开建制镇和小城市落户限制，有序放开中等城市落户限制，合理确定大城市落户条件，严格控制特大城市人口规模。国务院常务会议提出，除极少超大城市外，全面放开高校毕业生、技术工人、留学归国人员等落户限制。

当前，很多跨地区流动的劳动力都以东部发达地区为就业目的地，特别是在大城市和特大城市，已经集聚了大量没有本地户籍的外来劳动力，户籍制度所造成的矛盾更为突出。为此，建议落户标准应以就业和缴纳社会保障的记录为主，并以在一地工作和居住的年限作为落户的排序条件。对于大学生群体，应以其事实的就业情况为落户条件，而不应预先根据其所学专业和毕业学校来设置落户门槛。

### （二）建设用地指标配置应与劳动力流动方向一致

实施"土地与户籍制度联动改革"，可以探索允许那些已经在城市里长期居住和工作的农民将其在家乡宅基地对应的建设用地指标转让给其就业所在城市，作为城市扩张的建设用地指标，而家乡则通过宅基地复耕的方式相应增加农业用地保有量。同时，放弃宅基地使用权的农民能够优先获得城镇户籍，借助于这一建设用地指标而实现的城镇近郊土地增值收益，还能够为进城农民获取公共服务和社会保障而筹集新的资金，解决一部分农民工市民化的成本问题。

　　这一改革方案将土地的使用权和所有权相分离，在现有土地所有权不变的情况下，使得土地使用权成为可以跨空间再配置的资产，并且使其价值与原宅基地的区位脱离，因为它的价值体现在它可以被用来将较发达地区城市近郊的农业用地转化为建设用地，实现城市土地的增值收益。宅基地对应的建设用地指标成为有价值的资产，有利于提高农民（特别是偏远地区农民）的资产收入。农民在转让了宅基地对应的建设用地指标使用权后，其承包的农业用地则可以有偿地转让给农村集体，或以转包、入股等形式分享未来的农业经营收益。

### （三）促进公共服务均等化

　　公共服务的提供是具有规模效应的。在劳动力自由流动的情况下，人口流出地会因为税基枯竭而难以提供足够的公共品。因此，应通过财政转移支付推进地区间的基本公共服务适度均等化，这样也可以减少完全为了享受发达地区的公共服务而进行的劳动力流动。未来，中央向地方的财政转移支付应更多地投向地方的公共服务和有回报的基础设施建设，减少直接的生产性投资。因为任何生产性的投资都将面临市场竞争的检验，如果竞争力不足，那么，在人口流出地的生产性投入反而可能带来低效率和财政负担。

### （四）加强发达地区的公共管理水平，促进治理能力现代化

　　作为人口流入地的发达地区应在科学测算未来人口增长的基础上，理性规划基础设施和公共服务。应通过增加供给，而不是控制人口流入来应对城市扩张中出现的基础设施和公共服务的供求矛盾。在特大城市，应尽早做出都市圈规划，在都市圈内部，要形成便捷的轨道和公路交通网络，并推进社会保障和公共服务的一体化。就业岗位

和公共服务要与人口的分布在空间上尽量一致，减少因"职住分离"而产生的通勤以及相应的拥堵和污染。

如果实现了劳动力跨地区的自由流动，势必造成人口流出地的经济总量增长相对较慢。这时，如果地方官员的绩效考核完全基于地区的经济总量增长绩效，那么，全国一盘棋的区域发展战略将得不到人口流出地区的支持。因此，未来中国需要对官员的绩效考核做一定的调整，摒弃单一的GDP考核指标，提升政府治理能力。可以在考核体系中同时兼顾人均GDP（或人均收入）的增长和GDP总量的增长，并且为这两个目标分别赋予一定的权重，越是经济发达地区，GDP总量增长目标的权重应该更高；而越是经济欠发达地区，人均GDP增长（或人均收入）增长目标的权重应该更高。

执笔人：周群力

**参考文献**

［1］蔡昉. 中国二元经济与劳动力配置的跨世纪调整. 经济研究，2000（5）

［2］陈晓迅、夏海勇. 中国省际经济增长中的人力资本配置效率. 人口与经济，2013（6）

［3］段成荣、杨舸、张斐、卢雪和. 改革开放以来我国流动人口变动的九大趋势. 人口研究，2008，32（6）

［4］李小瑛、陈广汉、张应武. 中国城镇地区高等教育外部回报率估算. 世界经济文汇，2010（1）

［5］李亚玲、汪戎. 人力资本分布结构与区域经济差距———一项基于中国各地区人力资本基尼系数的实证研究. 管理世界，2006（12）

［6］梁文泉、陆铭. 城市人力资本的分化：探索不同技能劳动者的互补和空间集聚. 经济社会体制比较，2015（3）

［7］陆铭. 玻璃幕墙下的劳动力流动——制度约束、社会互动与滞后的城市化. 南方经济，2011（6）

［8］沈坤荣、马俊. 中国经济增长的"俱乐部收敛"特征及其成因研究. 经济研究，2002（1）

［9］孙自铎. 农民跨省务工对区域经济发展的影响研究. 中国农村经济，2004（3）

［10］闫淑敏、秦江萍. 人力资本对西部经济增长的贡献分析. 数量经济技术经济研究，2002（11）

［11］ 叶忠海. 中国人才学发展的历程、成就和展望. 中国人才, 2013（1）

［12］ 吴开亚、张力、陈筱. 户籍改革进程的障碍：基于城市落户门槛的分析. 中国人口科学, 2010（1）

［13］ Alesina A. , and Rodrik D. Distributive Politics and Economic Growth. Q. J. E. 1994（2）

［14］ Barro R. J. Inequality and Growth in a Panel of Countries. Economic Growth. 2000（1）

［15］ Cai, Fang and Dewen Wang, 2003, "Migration As Marketization: What Can We Learn from China's 2000 Census Data?" The China Review, 3（2）

［16］ Castello A. , and Domenech R. Human Capital Inequality and Economic Growth: Some New Evidence. Economic Journal, 2002（112）

［17］ Deiningerk. , and Squire L. A New Data Set Measuring Income Inequality. World Bank Econ. Rev. 1996, 10（3）

［18］ Eeckhout, J. , R. Pinheiro and K. Schmidheiny, "Spatial Sorting", Journal of Political Economy, 2014, 122（3）

［19］ ForbesK. A Reassessment of the Relationship between Inequality and Growth. A. E. R. 2000（4）

［20］ Fu, S. "Smart Cafe Cities: Testing Human Capital Externalities in the Boston Metropolitan Area", Journal of Urban Economics, 2007, 61（1）

［21］ GalorO. , and MoavO. From Physical to Human Capital Accumulation: Inequality and the Process of Development. Rev. Econ. Studies. 2004（4）

［22］ Glaeser, E. L. , "Learning in Cities", Journal of Urban Economics, 1999, 46（2）

［23］ Liang, W. and M. Lu, "Skill Complementarities within Firms", Fudan University, Shanghai Jiaotong University Working Paper, 2014

［24］ Liu, Z. "The External Returns to Education: Evidence from Chinese Cites," Journal of Urban Economics, 2007, 61（3）

［25］ Moretti, Enrico, 2004a, "Human Capital Externalities in Cities," Chapter 51, Vol. 4, in Handbook of Regional and Urban Economics, ed. by J. V. Henderson and J. F. Thisse. Amsterdam: Elsevier.

［26］ Moretti, E. , 2004b, "Estimating the External Return to Higher Education: Evidence From Cross – Sectional and Longitudinal Data", Journal of Econometrics, 120（1 – 2）

［27］ Moretti, E. , 2012, The New Geography of Jobs, Boston New York: Houghton Mifflin Harcour.

［28］ Persson T. , and Tabellini G. Is Inequality Harmful for Growth? A. E. R. 1994（3）

第五章

# 财政供养及国有企业的人力资源配置

● 中央提出"约法三章"以来，财政供养人员编制减少，财政供养规模总体稳定下降。

● 中国财政供养人员在人力资源配置中具有稳定器、缓冲器、转换器、加速器、孵化器的作用。

● 中国财政供养规模尚可，人力资源配置实践沿"人、财、岗"三条主线展开，机构改革解决岗位设置，干部人事制度改革调整人员编制，财税体制改革协调经费薪酬。

● 经过三十多年持续改革，国有企业就业比重不断下降，企业职工劳动效率总体较优。

中国是人口大国，公共服务需求旺盛，社会服务机构众多，财政供养体系庞大。长期以来，财政供养人员规模被视作政府规模指标加以管理，用于考察公共服务成本，平衡政府财政支出，调节国家机构设置，本届政府更是将财政供养人员只减不增作为执政方略之一。当前，发掘财政供养人员潜力，实现人力资源动态均衡，是优化人力资源结构、缓解有效劳动力供给不足的有效途径，有助于提高人力资源配置效率，发挥财政供养人员的锚链作用。

## 一、财政供养人员的规模及在人力资源配置中的作用

关于财政供养人员，因范畴不同可大致分为三类。第一类，仅指国家机关、党群机关和行政派出机关工作人员，可界定为公务员；第二类，指列入财政预算管理的机关、团体、事业单位工作人员；第三类，指依靠国家财政预算拨款、各类政府性收入、转移支付取得个人主要工作薪金收入的工作人员，包括国家机关、党群社团、军警部队、事业单位、基层组织正式工作人员和长期聘用人员，与国际广泛使用的政府雇员（government employee）概念较接近。

在讨论人力资源配置时，为更好地区分不同行业、类型的劳动力，本文中财政供养人员的口径主要采用第二类标准，即列入财政预算管理的机关、团体、事业单位工作人员，涵盖公务员、党政群团干部、教育、科学、文化、卫生等行业事业单位专业技术人员。

从劳动力市场来看，财政供养人员是一个较为宽泛的存在，横跨多个行业和分类，是从收入分配维度依劳动报酬取得来源为区分标准而形成的一个群体。在很长一个时期，对财政供养人员的关注点多集中在财政收支领域和机构改革领域，致力于解决"吃饭财政"问题和"机构臃肿"问题。同时，传统人力资源研究侧重于人力资源的投资、生产、积累、流动、实现等环节，即便是研究人力资源配置，讨论的也主要是生产、服务、流通等商业领域的劳动力问题，较少关注这一从事社会公共服务活动的财政供养人员群体。

### （一）当前财政供养人员的规模

新中国成立以来，财政供养人员一直随政府机构改革而变迁，历经多次反复，就特定的时期来看，有其历史的必要性，为构建稳定的党政管理体系、理顺政府间关系起到了积极的作用。特别是20世纪80年代后，为适应经济社会发展新形势，中国又开展了七轮（1982年、1988年、1993年、1998年、2003年、2008年、2013年）较大规模的改革[①]，自上而下，转变职能，撤并机构，核减编制，以实现提高管理服务效率、减轻公共财政压力为目标，各类机关事业单位财政供养人员增速得到了一定程度的抑制。2013年，中央提出"约法三章"，各级机关事业单位按照要求控编、减编，控制财政供养人员规模，总体实现了财政供养人员的稳定。以国家公务员和机关工作人员招录为例，不考虑退休等自然和非自然减员因素，招录人数呈逐年递减趋势，2013年为20.4万人，2014年为20.24万人[②]。根据相关数据估算，目前我国财政供养人员规模已控制在4000万人的红线以内，并逐年呈现下降趋势，其中公务员占比约两成、参公管理人员和事业单位人员占比约八成，省地市县约占总编制人数的九成以上。

总体看，中国财政供养规模并不高。部分专家学者和媒体从官民比例的角度提出，中国政府机构规模和人员编制已经到了历史高点，但单纯从历史的角度引入官民比例作比较并不合理。诸多历史上由个人自担的责任转向由社会负担，同时现代福利社会对公共产品和服务的需求大幅增加，政府机构职能设置愈加复杂，城市管理、社保医疗、

---

[①] 陈文浩、卢大鹏："中国财政供养的规模及影响变量"，载于《中国社会科学》，2010年第2期。

[②] 中华人民共和国人力资源和社会保障部：《人力资源和社会保障事业发展统计公报》（2013年度和2014年度），2015年数据预计2016年5月发布。

教育科研等一系列现代社会特有的公共需求要有相当规模的财政供养人员来支撑。朱光磊（2003）通过国际比较推定中国财政供养人口比例并不算太大。同样，白景明（2015）认为尽管我国财政供养人员绝对值居世界前列，但占总人口比例不足5%，仅公务员更是不到1%，远低于现阶段发达国家5%的平均水平。值得注意的是，在养老分类改革之前，中国财政供养人员规模中还含有规模庞大的机关事业单位离退休人员，目前已将其纳入社会保障统计口径。

### （二）财政供养人员在人力资源配置中的作用

从人力资源的要素供求、收入分配定价、人才市场流动、可持续发展等角度看，财政供养人员在人力资源配置中具有稳定器、缓冲器、转换器、加速器、孵化器的作用。

#### 1. 充当稳定器，平衡人力资源供求关系

从实践来看，尽管世界各国财政供养人员在本国总劳动人口中占比不大，但影响显著，在人力资源市场具有非常重要的意义。近几十年，社会经济发展突飞猛进，新技术日新月异，专业领域日渐庞杂，人员分工越来越细，社会管理服务工作的专业性不断增强，如金融管理、航空管理等，对财政供养人员能力与素质提出更高的要求，客观要求机关事业单位从业人员具有较高的学历和深厚的专业背景，以提供更具有专业性、技术性、复杂性的公共服务。同时，从我国的实际情况来看，从事社会公共服务的机关事业人员，既是政策的执行者，也是政策的制定和参与者，其工作技能的培养需要长期积累，才可对国家政策有较为深刻的理解，提供精准的社会公共服务。

考虑到公共服务岗位专业性和公共服务人员的专业性，公共机构若要提供长期、持续、同质的服务，其雇员一定程度上需保持足够的

稳定性，以利于足够的技能和知识积累储备，人员快速流动未必是好的现象，易导致公共政策制定、执行的抖动·公共服务人员特有的高学历、高关注度也会诱发劳动力市场的异常波动，造成不良社会影响。财政供养人员的合理流动，是国家机关事业单位平稳运行的保障，也有助于人力资源市场的动态平衡，发挥着稳定器的作用。

**2. 充当缓冲器，调节人力资源收入分配**

人力资源的改善是降低收入分配差距的基本因素，随着教育水平的提高，收入差距逐步缩小（舒尔茨，1960）。受教育程度越高，人力资源投资所获得的收入弹性越大（明赛尔，1974）。改革开放以来，中国经历了高校毕业生就业分配制度改革和机关事业单位用人制度改革，大量受过高层次学历教育的人员补充进机关事业单位。目前，财政供养人员的受教育水平在劳动力市场最高，整体收入弹性较大。

从国际经验看，几乎所有国家都试图通过调整工资收入来达到调节市场失灵的目标。与私营部门雇员可以通过谈判来调整收入相比，大多数国家政府雇员工资收入调整要复杂得多，欧美国家政府雇员拥有（受限的）可以通过加入工会参与谈判的权利（王湘红，2012）。而中国财政供养人员薪酬制度更加严格，定价权为国家掌握，根据经济发展水平和基本经济制度，按照效率优先、兼顾公平的原则统一制定，财政供养人员收入水平总体一度偏低。考虑到其收入弹性较大，尚留有较大的调整空间。

观察收入分配链条，政府的收入分配的调控工具大都是间接的，对财政供养人员工资薪金收入却可以直接调节，通过对财政供养人员收入（再分配）增速的局部调整，可以发挥缓冲器、蓄洪池的作用，纾解经济波动时对市场人力资源价格的冲击。

### 3. 充当转换器，推进不同人力资本快速转换

国家发展中需根据实际不断调整公共服务机构职能设置。2013年，党的十八届三中全会《关于全面深化改革若干重大问题的决定》指出："全面深化改革的总目标是完善和发展中国特色社会主义制度，推进国家治理体系和治理能力现代化"。中国政府开始着手打造具有现代化治理结构的国家，重新审视什么样的事国家办、什么样的职能归社会，调整公共权力的配置，并开始对国家行政事业单位进行职能调整、机构调整、人员调整。

财政供养人员是调节政府"功能短缺"和"功能过剩"的抓手。从某种意义上看，财政供养人员具有执行政令的服从性优势，也是人力资源市场中可以优先实现人员快速调整的群体。无论是财政供养人员内部不同岗位、编制间的快速流动，还是向其他行业的转制（如事业单位企业化改制等），对财政供养人员都可实现快速决策、迅速调整，有助于降低政策转换成本和人力资源转换损失，提升市场配置效率。

### 4. 充当加速器，激励人力资本高效流动

国家间竞争归根结底是人力资源的竞争。劳动者的决策受人力资源投资收益和激励机制的影响。高效的人力资源市场依赖顺畅的劳动力流动机制。市场化的人力资源配置机制有助于区域间、行业间人力资源的优化，可以充分调动劳动者的主观能动性，降低配置成本，实现较高的社会经济效益，却也不可避免地存在缺陷，对于公共服务环境欠发达地区、市场环境不成熟的行业以及一些具有前瞻性、基础性、战略性、收益暂不明显的工作岗位，劳动力资源配置就会发生扭曲。

通过有针对性地设立诸如教育、科技、文化、医疗卫生、市政交通等职能的公共服务机构，营造有竞争性的公共服务环境，可以提升

对优质人力资源的吸引力，带动地区经济社会发展。需要大批高素质、拥有专业技能的财政供养人员来充实公共服务机构岗位，先期作出贡献。同样，在一些人力资源投资收益不明显，但却具有前沿性、战略性、基础性的重要领域或行业，客观上也需要国家以财政供养形式来拉动。财政供养人员对于率先执行国家大政方针，发挥带头作用，弥补社会薄弱环节，充当加速器，推动构建具有竞争力的人力资源市场，有着积极的作用。

**5. 充当孵化器，推动人力资源可持续发展**

2016 年 3 月发布的《国民经济和社会发展第十三个五年规划纲要》中提出，经济要保持中高速增长，并保持发展的平衡性、包容性、可持续性。经济的可持续发展，要首先解决好人力资源的发展问题（江永红，2007）。人力资源的改进是经济增长的一个重要源泉（舒尔茨，1992）。财政供养人员在人力资源投资、增值方面具有天然优势。

国家机关事业单位对职工的培训、教育有着充足的资金保障和完备培训规划。在职期间，各级干部职工按照组织人事部门的计划和要求，定期参加各类型在职或脱产培训。一方面，财政供养人员培训规划由国家组织人事部门根据职业技能要求、经济发展状况、技术发展水平、人才发展规划制定，具有很强的前瞻性和科学性；另一方面，培训支出一般由财政预算拨付，在岗培训个人基本不负担，脱岗培训成本也大部分由财政负担或变相由财政负担（个人长期脱岗培训，用人单位视时间长短为其支付全额或基本薪酬，发放补贴），较个人投入更为慷慨，资金保障更为可靠，具备了充分的可行性和执行性。

同时，财政供养人员在人力资源积累方面的优势，通过劳动力迁移、职业转换、代际转移和社会公共服务的外溢等方面输送至其他劳动人口，带动不同行业人力资源生产和累积的协同发展，扮演着孵化器的角色。财政供养人员在人力资源增值方面的领先性、扩散性、慷慨性，是人力资源可持续发展的重要保障。

## 二、财政供养人员配置的实践

中国财政供养人员人力资源配置实践沿三条主线，分别围绕"人、财、岗"展开：一是国家机构改革，解决岗位设置问题；二是干部人事制度改革，解决人员编制问题；三是财税体制改革，解决经费薪酬问题。

### （一）国家机构改革

新中国成立以来，中国政府经过了多轮艰难而复杂的机构改革，通过调整政府规模、机构设置和运行规则，以适应经济和社会发展的需要。面对巨大的财政压力，在机构改革中历届政府都将精简岗位、撤并部门作为一项重要的内容。

#### 1. 改革开放前

改革开放前三十年的机构改革，在于破旧立新，建立社会主义国家行政管理体制，期间经历多次大规模调整，机关工作人员数量及岗位曾出现大规模的波动，机构数量呈现"U"形。

1951 年，为缓解朝鲜战争带来的巨大财政压力和解放战争时期扩军备战所形成的"大政府"，中央开始第一次实施精兵简政。通过压缩领导岗位职数，分流下放；合并精简机构，压缩管理层级，区分干部身份，有效调整中央政府政出多门、职责划分不清、头重脚轻状况，初步形成了 42 个中央部门。1954 年，全国开展大范围的政权组织建设，央地关系初步形成，中央政府国家层面的管理机构以国务院的形式最终确立，并最后形成 81 个中央部门。1956～1961 年，围绕行政分权，理顺权力运行关系，大规模撤并、上下调整机构，机构缩减至60 个。

1960～1964 年，在以经济建设为导向的机构改革中，全国共精简81 万人下放充实基层。到后期，部分之前撤并下放的中央机构重新上收，到 1965 年年底，机构数重新达到 79 个。

"文化大革命"开始后，国内政治秩序摇摆，先撤并至 32 个中央部门（含 13 个军管单位），后经整顿并沿用50 年代的政府机构和管理体制，逐步恢复到 1975 年的 52 个。到"文化大革命"结束后的 1981年，国务院部门重新恢复并增加至 100 个，人员编制 51000 人。

国家机构在这一时期的分合、增减，实际反映出新中国成立后，中央政府在行政运行经验上的不足，从革命时期的军事化管理转到和平时期的政府管理，这三十年是一个学习、积累的过程。同时，受政局不稳的冲击，经验获得的过程较为漫长。

**2. 改革开放后**

通过改革开放三十多年来的七轮机构改革，基本构建起了能够引领国家、社会、经济为一体协调发展的现代型服务型政府。从1982 年的第一轮到 2013 年的第七轮，国务院组成部门通过撤并、调整，从最初的 100 个降为 25 个，压缩掉接近四分之三的机构。七轮改革分别围绕"领导干部年轻化""政府职能转变""适应市场经济体制""政企分开""提效降成本""大部制""转变职能和理顺职责关系"展开。

从最初的机构性、技术性调整逐步转变职能性、体制性调整，改革经历了精简机构、职能转变、理顺关系、职能整合、政府转型的不同阶段（何颖、教军章，2010）。在改革过程中，政府严格控制部门内设机构设置、人员编制和领导职数，1982 年国务院部门人数从 5.1 万人缩减到 3 万人，1988 年又削减了 9700 人，1993 年继续压缩岗位编制 20%，1998 年国务院部门人数缩减至 1.6 万人，同期省级机关削减人员编制 7.4 万人，人员编制呈逐年递减态势。

在改革中不断探索创新，中国政府的机构改革重心逐渐从单纯以经济建设为指导、为核心，解决吃饭穿衣问题，转向始终以建立现代服务型政府为核心的综合性改革。理顺关系，通过顺畅政府、社会、市场的关系，发挥市场在资源配置中的基础性作用，改革权力分享方式与结构。整合职能，完善决策权、执行权、监督权之间的协调约束机制。转移重心，逐步减少和取消具体事务性管理和行政审批事项，从管理转向规划、引导，从直接行政干预转向间接引导，从微观判断到宏观视野。党政协同，中国有着独特的党政领导体制，机构改革中党组织、政府机构、人大机构、政协机构、其他党团组织机构按照国家行政运转规律，结合发展方向，根据改革任务、根据管理便捷、运行高效的原则协同调整。司法独立，推动建立现代法治型政府，依法治国、依法行政。分类改革，按照"甩掉两头、留下中间"（宋世明，2011）的原则，推进事业单位分类改革，剥离"竞争性"机构，将"职能机构"并入"行政机构"，区分公益类型。

改革还在继续。在机构改革中，不但要具有战略性改革意图，系统性地推进改革进程，还要不断推进政企分开、政事分开、政社分开，不断转换角色，转变职能，放权让利，完善监督，通过不断完善社会综合管理体制，建设法治型政府，保障和改善民生。

需要注意的是，由于中国特色政治体制因素，政府兼具改革制定者和执行者的角色，进行的是一场自我革命，在改革中既要防止急躁冒进，也要避免畏缩不前。要学会照镜子，遵循客观规律，听从民意，依法办事，积极稳妥，适时推进。

### （二）干部人事制度改革

干部人事制度与机构改革相伴而行，为机构改革提供保障。干部人事制度是对财政供养人员录用、调配、任免、使用、升迁、交流、培训、考核、奖惩、监督、工资、福利及离退休等一系列工作所应共同遵循的路线、方针、政策、法律、规范和准则的统称。科学开展劳动人事管理，开发人力资源，是实施人才战略、促进人力资源优化配置的有力保障。

新中国成立以来，中国政府的人事管理制度首先源自苏联等社会主义兄弟国家。之后，为适应不同时期经济、社会管理的需要，不断创新发展，在挫折中前行。改革开放以后，中国的人事管理制度进行了全面而彻底的改革，确立"党管人才"的原则，逐步建立了公务员制度，全面推进企事业单位人事分类制度改革，规范党政领导干部选拔用人机制，建立一套体系完备的社会主义人才管理体系。

### 1. 公务员

20世纪80年代开始，形成于计划经济时代的人事制度已经不能满足政府职能转变的需求，干部队伍年龄结构偏大、知识结构老化，管理僵化，亟待改革。而大一统的"国家干部"一词包罗万象，不易于对干部进行分类管理，其中包括了党政干部、机关工作人员、专业技术人员、企业管理者等，人事管理不易开展、财政负担加大等因素对人事管理体制形成了倒逼。

1984年，国家开始探索建立公务员制度。同年，中央下放干部管理权限，开始探索社会公开招考，推进人才流动。当年，国家提出要制定国家机关人事管理的总法《国家机关工作人员法》（1985 年 1 月形成初稿），后更名为《国家行政机关工作人员条例》（1986 年 10月），再易其名为《国家公务员暂行条例》（1987 初稿征求意见，1989年在一些部委、地方试点）。1993 年 8 月国务院正式颁布《国家公务员暂行条例》，并于 10 月 1 日起实行，国家的公务员制度正式诞生。2005 年 4 月，《中华人民共和国公务员法》正式颁布。其后，又相继发布了一大批配套管理制度。

1984～2005 年，从提议到正式立法颁布，历经 21 年。《公务员法》正式施行，对于保证国家机关工作效率与提升用人活力，落实用人单位人事主体管理责任，打破"官本位"思想，建立公开公正的考试录用制度、能上能下的干部任用制度，灵活机动的人才流动机制、权责利明晰的岗位责任制度、考核监督奖惩机制，可遵循的依法管理的用人机制，起到了里程碑式的作用。

公务员制度的实施对中国人力资源高效配置有着积极的作用。一方面，通过严把入口关，设立进入门槛，统一招录条件，坚持逢进必考，杜绝了用人制度上的不正之风，鼓励优秀的、高学历的人才通过公平竞争充实公务员队伍，提高公共服务管理水平。另一方面，通过打开出口，建立了正常的退出和退休机制，促进公务员队伍的新陈代谢，提高公务员的人力资源流通配置效率。

**2. 党政干部**

党政领导干部管理工作是中国干部人事管理中最重要的工作之一。党政领导干部用人制度改革在人事制度改革中具有强烈的示范作用和导向作用。

历任中央领导都十分关注党政干部制度改革，希望造就一批听党指挥、善于管理、能打硬仗、具有治国理事才能的贤能之辈。20 世纪

80 年代以来，针对领导班子和干部队伍年龄大、文化低、难以适应新形势下的现状，中央首先提出了干部队伍革命化、年轻化、知识化、专业化的"四化"要求。80 年代中期，又进一步废除了领导职务终身制，建立和完善后备干部制度，储备了大量人才。同时，下放干部管理权限，搞活干部管理机制。2002 年 7 月颁布实施了《党政领导干部选拔任用工作条例》（2014 年 1 月修订）。《条例》的实施一方面规范了党员干部晋升与退出机制，遏制了为群众深恶痛绝的干部选拔任用徇私舞弊问题，建立了完善的监督考察机制，防止党员干部带病上岗；另一方面，形成了科学化、民主化、现代化的干部管理选用机制，《选举法》《组织法》的修订颁布，又进一步对国家权力机关、行政机关、司法机关领导干部的产生、选拔、任用、管理进行了制度化、法律化的规范。

从人力资源的角度看，党员干部身居领导地位，具有较大的决策能力和社会影响力，在财政供养人员中具有较高的人力资本价值和社会实践意义。深化党政干部选拔任用制度，科学考评干部素质，坚持五湖四海、选贤任能，形成适合优质人才的竞争机制，增强干部队伍的生机和活力，提高人力资源配置效率。

### 3. 事业单位专业技术人员

专业技术人员在国家建设中具有重要的战略性意义，在经济建设、社会发展、文化繁荣中起着举足轻重的作用。国家高度重视专业技术人员的培养、使用和管理，一直努力试图解除阻碍专业技术人员发展的各类限制性因素。经过五十多年的发展，中国目前已初步形成了一支门类齐全、素质较高、阵容强大的专业人才队伍。

20 世纪 50 年代，中国政府借鉴苏联科学技术人员管理办法，并将其纳入国家干部的范畴进行管理。"文化大革命"期间，这一制度陷入停滞。1978 年，在全国科学大会上，技术职称得到了恢复。1984年，中央职称改革领导小组成立，着手研究职称改革评定、专业技术职务聘任制度。1986 年 1 月，国务院发布《关于实行专业技术职称聘任制度的规定》，建成了覆盖全国的、各行业的专业技术人员队伍，形成了我国职称制度的基本形态，并从 1994 年开始建立专业资格证书制度，一直沿用至今。

事业单位的设置本身就带有极强的专业社会公共服务需求，需要大量的专业技术人员。职称制度的实行，提升了专业技术人员的社会地位，破除了人才流动的限制，在工资制度中充分保障了专业技术人员的收入，并进一步完善了对人才的考察评价机制，对于建设高素质的人才队伍、创新人才管理体制、全面推进人才强国战略有着积极的意义。

事业单位专业技术人才队伍建设，一方面增加了职工个人的单位人力资源价值，提升了财政供养人员单位财政支出的收益率；另一方面，随着专业技术人才管理制度改革，建立面向全社会的专业技术人才职称制度，为全社会各类行业专业人才流动搭建了平台，为广大具有专业技术职务的事业单位工作人员打开了流通渠道。

### （三）财税体制改革

财税收入是公共支出的来源。财政供养人员的工资薪金收入和办公经费都源于公共支出。一系列公共支出理论证明（马斯格雷夫，瓦格纳，皮考克，魏思曼，鲍莫尔等）：公共支出的规模需要与财税收入以及经济发展水平相适应。一段时间，财政供养人员激增，导致人员开支对公共支出形成了沉重负担，有的甚至收支倒挂，变相成了"吃饭财政"。财税部门疲于扩大收入以应对日益扩张的政府支出，不但削弱了政府的宏观调控能力，还给社会经济发展造成障碍。为此，财税体制不断改革，试图探索出一条与财政供养人口规模和经济发展水平相适应的道路。

**1. 薪酬改革**

工资收入是财政供养人员的主要收入来源，是机关事业单位职工参与社会收入分配的主要渠道，合理的薪酬制度，有利于充分调动职工的工作积极性，提高工作效率。

全国解放初期，供给制和工资制并存。1955年全国统一实行工资制。1956年，实行职务等级工资制。"文化大革命"期间改革停滞，工资分配制度混乱。1985年开始进行了三次工资制度改革，"建立结构工资制度"（1985）、"机关事业单位工资分离"（1993）、"机关事业单位工资脱钩"（2006）。公务员实行了职务加级别的工资制度，并正常增资，清理完善津补贴制度。事业单位工作人员实行岗位绩效工资制度，鼓励实行收入分配激励。机关单位工资制度与事业单位薪酬制度彻底脱钩。此轮薪酬制度改革对于保障基本生活、促进劳动者积极性、调节人力资源配置起到了一定的积极作用。

**2. 财政改革**

财政体制的问题归根结底是中央政府与地方政府间的财政关系问题。从1980年、1985年、1988年、1994年、2000年、2001年到2003年，中国财政体制经历了分别为"划分收支、分级包干""划分税种、核定收支、分级包干""大包干""分税制""部门预算改革""国库管理制度""政府采购制度"七次重大改革。近年来，全面取消农业税，建立了公共财政框架，实行政府收支分类改革，开展部门预算改革、国库集中收付制度改革、"收支两条线"改革、政府采购制度改革，大力推进基本公共服务均等化，创新缓解县、乡财政困难的机制，不断完善转移支付制度，推动"省直管县"改革。

实行财政包干制度，一定程度增加了地方政府财力，并导致中央财政收入份额下降，宏观调控能力被削弱，但对于缓解"文化大革命"结束最初十年地方财政捉襟见肘，人员经费严重不足，恢复地方财力与经济建设能力显得十分重要。而分税制改革的提出，则是在地方元气基本恢复，部分地区财政供养人员收入膨胀和不平衡，挤占行政和建设支出的背景下，提高了中央财政收入占比，约束地方政府财政支出行为和人员支出规模，有助于纵向政府间财政分配关系的规范化和基本公共服务水平均等化，帮助政府转变角色，打造公开透明的预算管理体制。通过国库集中收付制度，建立了统一的受监管资金收付制度，目的在于改变财政预算粗放执行的状态，有利于严格预算管理，统一收付标准，实现资金的横向精细化管理。并尽快通过完善转移支付制度，妥善划分事权，控制财政资金的无序增长，放权让利，藏汇于民，进一步缩小地区间财政能力差异，促进地区间公共服务均等化。

财政改革必须处理好经济发展、稳定履职与财政能力之间的关系。长期以来，财政被层层压码，除传统财政供给外，还承担了改革引导、经济建设、社会建设、扶危助困等大量职能。财政收支需通盘考虑，把握大局，必须与社会经济能力相适应。要不断发展经济，夯实财政基础，有节奏地扩大财政收入。提高财政收入管理水平，提升收入效率。要优化支出项目和支出管理，改革用钱管人的思路。通过优先介入，提升社会公共服务发展水平，改革财政支持方式（如 PPP 等），培养公共服务机构自我造血能力，促进创新发展、科学发展。扎实做好兜底扶持和基本生活服务配套工作，扫除财政供养人员的基础生活困难，保证公共服务的稳定性。

# 三、财政供养人员方面存在的问题

自本届政府施行"约法三章"以来，全国财政供养人员规模"急刹车"，进入负增长阶段，实现了只减不增的目标，而同期社会、经济、人口仍持续稳定增长，对于有效缓解公共财政负担、畅通人力资源流动有着积极的意义。但也逐渐暴露一些深层次的问题，且不容忽视。

## （一）财政供养支出总额高位运行，财政预算负担较重

中国财政供养人口总体规模虽然已呈逐年递减趋势，但相应的财政预算支出却并未出现大幅下降。这是因为，一段时间以来，在财政供养人员经费不足的情况下，各单位通过各种形式或明或暗都存在挤占、挪用其他公用事业支出或经济建设支出的情况。财政供养人员的减少，一定程度上只是减轻了对其他支出的压力，使其他财政支出项目恢复其本来的职能。另一个原因，经过多年酝酿试点，2015 年国务院发布《关于机关事业单位工作人员养老保险制度改革的决定》，改革相对滞后的机关事业单位开始正式养老保障破冰，决定要求机关与事业单位同步改革，职业年金与基本养老保险制度同步建立，养老保险制度改革与完善工资制度同步推进，在增加工资的同时实行个人缴费，待遇确定机制与调整机制同步完善，全国范围同步实施，财政负担了其中相当大的一部分改革成本。基于上述两点认识，考虑到财政供养人员收入刚性，在相当长的一段时期，财政供养支出总额将维持高位运行，财政预算支出依然负担较重。

### （二）公共财政预算支出效率不高，人力资源投入不足

长期以来，中国财政支出普遍存在效率不高和分配不合理的问题，在人力资源投入方面明显不足，预算监督机制执行滞后。从中央与地方财政关系来看，目前地方政府普遍存在责任多、收入少、事权与财权不匹配的情况，"中央出政策、地方出资金"的情况在人力资源投资领域显得比较突出，教科文领域配套资金明显不足。从政府规模来看，财政供养人口规模越大，支撑"大政府"运行的支出就越多，在决策积累性支出与消费性支出、生产性支出与非生产性支出时，会产生效率损失。

客观上，中国财政支出项目多、总量小，僧多粥少，中央和地方政府资金可灵活调配余地不大，同时又缺乏科学的项目支出评价机制。主观上，长官意志、人情政治、政绩考核激励机制（周黎安，2007）、支出领域的舞弊（潘春阳，2011）等短期内难以彻底有效根除，加剧了财政支出的扭曲程度。

### （三）财政供养人员收入水平较低，未能体现劳动价值

近年来，尽管中央及地方各级人事部门和财政部门多方筹措经费，数次调薪，但机关事业单位工作人员平均收入水平仍滞后于经济发展水平。即便在具备同样经验与知识储备的情况下，机关事业单位人员报酬也显著低于其他行业在职人员。同时，随着机关单位薪酬制度的不断规范、财经纪律的收紧，一些长期合理存在的仅存的"安慰"性质的福利、津贴、补贴也逐步被清理取消。在财政供养人口队伍的高素质、高学历化的大背景下，一方面社会综合生活成本水涨船高，另一方面受工作性质所限收入上涨空间有限，劳动价值无法得到充分体现。长此以往，将导致人才流失，在人力资源市场形成负面预期。

### （四）财政供养人口服务规模有限，与公共需求不匹配

财政供养人口的岗位设置和人员素质决定公共服务的水平与规模。干部人事管理涉及公共权力和公共资源的配置与管理。面对日益扩大的公共服务需求，中国在劳动供养人口岗位设置管理方面还有很多不足，导致财政供养人口有效供给不足，对政府公共服务职能判断不准，机构性质设置出现偏差。党政不分，政事交叉，政出多门，导致行政机关事业化，出现岗位错配。机构编制管理和人事管理脱节，缺乏制约联动机制，导致岗位管理滞后。在人员素质上，自国家开始实施公务员招考录用制度以来，各级机关事业单位严把入口关，坚持逢进必考，设立进入门槛，大量优秀的、高学历的人才充实进来，有效改善了财政供养人员的知识结构，受招录名额和人员退休的限制，想大幅度提升财政供养人员平均素质还需要很长一段时间。同时，一些用人单位人事管理调配制度不科学，出现随意调配、岗位不匹配现象，不同程度造成效率损失。

### （五）财政供养人员结构分布失衡，阻碍政府职能转变

在中国财政供养人员中，约三成是公务员及参公管理的人员，七成是事业单位工作人员。财政供养人员主体是事业编制职工。从国际上看，七成多的事业人员占比并不算高，美国 2005 年事业编制人员占财政供养人员的 80%（程文浩、卢大鹏，2010），这也与现代国家政府提供社会公共服务的理念相吻合。但中国事业单位分布过于广泛且分散，并不只集中于必须由政府提供公共产品和服务的领域，大部分是过去三十年多轮机构改革后承接的产物。一方面条块分割严重，不利于形成合力；另一方面，当前深入转变政府职能的大环境下，许多事业单位权责分工、定位并不明确，或随着时间推移服务对象或内容

已经变化，整体推进事业单位改革任重道远。

# 四、国有企业的人力资源配置

## （一）国有企业人力资源配置总体情况

目前，国有企业就业比重不断下降，劳动效率总体较高。回顾改革开放以来的三十多年：改革开放初期，我国经济以国有企业为主体，国有就业占比很高。随着社会主义市场经济体制的逐步完善和非公有经济迅速发展，特别是 1997 年前后国有企业实行 3 年脱困改革，国有企业抓大放小，一大批中小国有企业进行改制，人力资源的配置效率有了显著提升。到 2010 年，国有企业总体就业人员总数为 4475 万人，已经远远低于非国有企业。由于国企多数是大企业，总体劳动生产率较高，2010 年国企的万元产值就业人数是 0.044 人，显著小于非国企的 0.238 人。见表 5－1。

表 5－1　　　　　2010 年国企与非国企的人力资源配置比较

| 行　业 | 国　企 | | | 非国企 | | |
|---|---|---|---|---|---|---|
| | 增加值（亿元） | 就业人数（万人） | 万元增加值就业人数（万人） | 增加值（亿元） | 就业人数（万人） | 万元增加值就业人数（万人） |
| 农林牧渔业 | 925 | 402 | 0.435 | 39609 | 27529 | 0.695 |
| 采掘业 | 11591 | 488 | 0.042 | 10401 | 543 | 0.052 |
| 制造业 | 25600 | 1057 | 0.041 | 107952 | 14264 | 0.132 |
| 电力、燃气、水 | 9944 | 291 | 0.029 | 2262 | 331 | 0.146 |
| 建筑 | 8100 | 335 | 0.041 | 18561 | 4693 | 0.253 |
| 交通运输、仓储和邮政业 | 12436 | 606 | 0.049 | 6996 | 2718 | 0.389 |
| 批发零售业 | 6503 | 229 | 0.035 | 24052 | 8418 | 0.350 |
| 住宿和餐饮业 | 46 | 9 | 0.196 | 8023 | 2540 | 0.317 |

| 行　　业 | 国　企 | | | 非国企 | | |
|---|---|---|---|---|---|---|
| | 增加值（亿元） | 就业人数（万人） | 万元增加值就业人数（万人） | 增加值（亿元） | 就业人数（万人） | 万元增加值就业人数（万人） |
| 金融业 | 18883 | 672 | 0.036 | 2098 | 75 | 0.036 |
| 房地产业 | 4689 | 52 | 0.011 | 18093 | 567 | 0.031 |
| 信息服务业 | 652 | 20 | 0.031 | 8230 | 660 | 0.080 |
| 租赁和商务服务业 | 0 | 0 | 0 | 7785 | 1143 | 0.147 |
| 科技服务和地质勘查业 | 1359 | 48 | 0.035 | 4278 | 247 | 0.058 |
| 水利和公共设施管理业 | 144 | 12 | 0.083 | 1608 | 335 | 0.208 |
| 居民服务和其他服务业 | 718 | 176 | 0.245 | 5384 | 1637 | 0.304 |
| 教育 | 757 | 30 | 0.040 | 11285 | 2110 | 0.187 |
| 卫生、社会保障、社会福利 | 46 | 6 | 0.130 | 5934 | 1074 | 0.181 |
| 文化、体育和娱乐业 | 157 | 9 | 0.057 | 2339 | 409 | 0.175 |
| 公共管理和社会组织 | 34 | 33 | 0.971 | 16177 | 2337 | 0.144 |
| 合计 | 102583 | 4475 | 0.044 | 301066 | 71630 | 0.238 |

资料来源：2010 年中国投入产出表，中国统计年鉴 2011，财政部企业司《2010 年度企业财务会计决算数据资料》。

## （二）国有企业人力资源配置特征

一是国有与非国有部门人力资源水平存在较大差异。从受教育年限来看，国有部门劳动力在各个行业、各类职业的平均受教育年限均高于非国有部门。从职业和岗位看，非国有部门中非技术工人、非熟练工人等占比较大，国有部门高级蓝领员工所占的比例在不断下降，从事专业技术和管理工作的白领岗位所占的比例快速上升。

二是国有与非国有部门人力资源回报存在差异。在市场化工资决定机制下，高人力资源存量必然带来高收益，但是，国有部门高人力资源的报酬率低于非国有部门，而低人力资源的报酬率却显著高于非国有部门。工作年限在工资决定中起着显著作用，存在"论资排辈"因素，偏离了市场化的工资机制，实际上对高学历者存在工资惩罚，对低学历者存在工资溢价，造成人力资源浪费，降低人力资源的市场效率，可能形成人力资源的"逆向选择"，诱发高人力资源的流失，损害国有部门的竞争力[①]。

三是国有与非国有部门人力资源激励机制存在差异。从就业准入看，国有部门对城乡、区域和户籍等非人力资源因素限制较多，在招聘中还存在"求关系""找门路"等现象，非国有部门受城乡、区域和户籍影响较小，能较好地体现按劳分配原则。从薪酬管理看，国有部门主要源自政府政策的统一调整，而不是对人力资源市场竞争的自发反映，非国有部门薪酬调整则普遍建立在实际生产率提升和人力资源供求关系变化的基础上。从单位保障看，国有部门普遍劳动关系稳定，工作压力小，性别歧视较少，比较体面，虽然工资低，但是对高级人才仍然具有吸引力；非国有部门人员流动大，工作稳定性差，职业发展空间不确定。

四是国有与非国有部门人力资源投资存在差异。国有部门主要通过刚性的内部劳动力市场管理人力资源，员工培训具有较强的计划性，比较重视员工专用性技能积累，有利于单位长期发展，但难以适应外部劳动力市场流动性增强和员工日趋灵活多样的职业发展选择的需要。非国有部门依靠低劳动力成本竞争的发展模式还有生存空间，加上劳动关系不稳定，许多倾向于短期盈利行为，不愿意投资员工人力资源，员工技能提高主要通过干中学和熟练程度提高

---

① 罗帅："国有部门与非国有部门工资收入分配与差异研究"，载于《中国劳动》，2014年第10期，第11～14页。

来实现。

五是国有与非国有部门劳动保护存在差异。分别存在劳动保护过度和劳动保护不足的情况。两个部门实行不同的养老保险制度，正在改革的机关事业单位养老保险制度力图统一制度，但是养老保险基金仍然是分开运行的，一些国有部门仍然沿用计划经济时期的公费医疗制度，国有部门还有住房补贴、现金补贴以及各种福利待遇；非国有部门还处在依靠成本竞争获得发展的阶段，普遍劳动保护不足，导致员工必须花更长的时间工作来维持生活，用于技能培训、继续教育、医疗保健、培养子女的人力投资活动受到限制。保护过度和保护不足都不利于人力资源合理配置，也不利于劳动力有序流动。

六是国有与非国有部门人员流动存在体制性障碍。总体上看，还没有形成国有与非国有部门人员双向流动的局面，其原因，除了上述差异外，还有一些体制性因素。比如，在社会用人方面，学历资格与职业资格不衔接，社会用人中"唯学历"倾向严重，国有部门虽然普遍建立了人员退出机制，但事实上存在的"铁饭碗"制度仍未打破。在干部人事制度、劳动用工制度等方面，仍然采取分割的管理体制，事实上在国有与非国有部门之间形成了隐性的身份制度，社会上更认可国有部门工作。

# 五、政策建议

## （一）强化公共财政收支能力，提高人力资源投入水平

提高政府财政预算收支的协调性和平衡性，强化人力资源领域财政资金的投入管理水平和使用效率。

实施积极的财政政策，增加可利用财政资金。加快财税体制改革，扩大财政收入来源。增强财政收入管理水平，提高资金归集转化速度。同时，做好结构性减税，坚决遏制各种乱收费，坚决不收"过头税"，落实好实施减税降费政策，给企业和市场主体留有更多可用资金，激发市场功能性造血能力。完善全面规范、公开透明的预算制度，加大一般公共预算、政府性基金预算、国有资本经营预算、社会保险基金预算的统筹力度，加大统筹财政资金和盘活存量资金的力度。继续积极盘活存量资金，研究提升资金流通配置使用效率的措施。加强政府债务管理水平，增加国债发行规模，阶段性地提高赤字率，有节奏地扩大赤字规模，合理确定各级政府新增债务限额。

调整优化支出结构，创新公共服务领域财政资金的使用方式。进一步研究推进中央与地方事权和支出责任划分改革，适度加强中央事权和支出责任，完善中央和地方收入划分，调动中央和地方两个积极性。配合国家机构改革，推进政府职能转变，能够通过政府购买服务提供的，不再直接承办，能够由政府和社会资本合作提供的，广泛吸引社会资本参与，非基本需求则主要靠市场解决。实行中期财政规划管理，全面推进预算绩效管理，加强对人力资源领域预算绩效的掌握。把资金用在"刀刃"上。压缩"三公"经费等一般性支出，按可持续、促发展的原则规划好教育、民生、人力资源领域支出计划。提高一般性转移支付、涉及民生的专项转移支付力度，进一步加大人力资源生产、流通领域倾斜力度，积极吸引金融资金、社会资金参与机关事业单位组织公共服务事业，多渠道增加资金投入水平和规模。深入推进财政供养体制创新，针对不同单位、不同类型的岗位，采取不同的财政供养支持激励方式。配套资金，做好财政供养人员能力培训工作，落实好兜底扶持基本生活的政策性保障工作。

### （二）深化干部人事制度改革，提升人力资源投资收益

扎实做好就业配置工作，深化人事制度改革，继续加强人才队伍建设。

坚持就业导向。注重解决机关事业单位结构性就业矛盾，以实现有效充分就业为目标，提升岗位、责任、能力匹配精度。进一步规范和完善公开招聘机制，探索灵活高效的人才招录机制。严格人事招聘考试纪律，明确严禁因人设岗和因人设置条件。深入开展招录培养制度改革，满足各级机关事业单位专业人才的需求，打造专业化的干部队伍，以适应机关事业单位职能部门不断正规化、专业化、职业化的用人要求。启动艰苦边远地区基层事业单位公开招聘工作机制改革试点，稳步推进事业单位分类改革及相关配套改革，扫除人力资源合理流动的阻碍。

坚持管理导向。深化人事制度改革，以建立健康高效的劳动人事关系为目标，提高人事管理的科学化水平。创新干部考察选拔任用的方式，科学系统地考察识别干部，改进民主推荐的程序和方法，防止带病提拔和简单以票取人。建立干部选拔任用问责制度，使干部能上能下。以建设法治社会为目标，推动公务员依法行政。深化党的建设制度改革，提高制度执行力。

坚持人才导向。以全面提高劳动素质为目标，注重提高人力资源质量、改善人力资源结构。注重高层次和高技能人才队伍建设，提升干部的管理服务能力和素质。研究推动国家长期人才发展规划的编制落实工作，加快人才队伍建设，建立层次分明、结构合理、可持续的财政供养人才梯队。加强干部教育培训，注重持续学习能力建设。依托国家重大人才工程，培养和造就具有世界水平的科学家、高水平的

领军人才，引进海外高层次人才，充实专业技术人才队伍。以公共服务为目标，打造基层管理人才队伍。努力促进人才队伍建设取得新进展。

### （三）推进收入分配制度改革，搞活人力资源激励机制

推进工资收入分配制度改革、机关事业单位社会保障改革，调动财政供养人员的积极性。理顺国有企业人力资源激励机制，更好地体现按劳分配原则。

进一步健全工资制度，逐步规范收入分配秩序，维护干部职工的合法权益。逐步缩小工资收入差距，注重健全收入分配机制。分类推进机关单位、事业单位薪酬制度改革。研究缩小不同地区间、不同层级间收入差距。清理、规范、统一机关单位津补贴制度，改革工资制度，调整工资结构，消除基本工资比重过低的现象。探索建立工资收入激励机制，调动财政供养人员的工作积极性。

逐步推进退休保障制度，建立统一的社会养老保险体系，增强干部职工的职业稳定性。按照《国务院关于机关事业单位工作人员养老保险制度改革的决定》，逐步推进机关事业单位养老保障改革，注重公平，讲求效率，分类开展，实时推进，立足增量，平稳过渡。彻底解决"双轨制"带来的退休金发放混乱、单位负担不平衡问题和阻碍不同行业间人才流动的养老金接续问题。加快建设统一的社会保障体系，有序调节不同所有制间人力资源的合理配置，促进劳动力有序流动。

### （四）推动政府机构职能转变，优化人力资源供求关系

促进政府职能转变，推进国家治理体系和能力的现代化。进一步

理顺和规范政府与企业、政府与社会的关系，规范上、下级政府的关系。简政放权，取消和下放行政审批事项。凡市场主体可以自主决定、市场机制能够有效调节、行业中介组织能够自律管理的事项，退出或取消。可以采用事后监管和间接管理方式的事项，取消前置审批。充分发挥市场主体在社会事务中的主体作用，对取消的审批事项要加强监管。把适合事业单位和社会组织承担的事务性工作和管理服务事项，交给事业单位或社会组织承担。确需审批的，严格按照法定程序审、论、证，不断提高行政审批服务的水平。推动行业协会商会与行政机关脱钩。坚持改革与监管并重，规范用人关系，杜绝政会不分、管办一体，按照《行业协会商会与行政机关脱钩总体方案》，独立机构、职能、资产财务、人事、党建、外事等方面的关系，进一步转变政府职能。加快推进事业单位改革和社会组织管理改革。深入推进事业单位分类改革，通过政事分开、事企分开、管办分离，撤销、清理、整合，各司其职，分类转制为行政单位、事业单位、企业。在分类的基础上，同社会其他机构形成合力，加快建立公益服务体系。

压缩财政供养编制，优化机关单位岗位设置。从管制型政府转变为服务型政府时，政府权力随之减小，岗位机构随之收缩。政府职能的转变是减少财政供养人员的有效方式。进一步优化政府机构设置和职能配置，提高行政效能和公共管理服务质量。当前要抓住我国政府职能转变的大好时机，理顺财政供养人员的职能和定位，探索适应现代服务型政府要求的财政供养人员岗位设置规律，确定财政供养规模、服务人口数量、地区经济能力之间的固定联系，实现财政供养人员编制的科学化。对财政供养人员实行结构性调整，减少政府对社会经济的干预和限制，建立高效的行政运转体系。同时，也有利于在干部人事制度、劳动用工制度等方面，打破国有与非国有部门人员流动所存在的体制性障碍。

执笔人：张　伟　单大圣

**参考文献**

［1］周德禄. 人力资源配置效益研究. 济南：山东人民出版社，2012

［2］王湘红. 工资制度、劳动关系及收入——基于行为理论的研究. 北京：中国人民大学出版社，2012

［3］刘晓苏. 事业单位人事制度改革研究. 上海：上海交通大学出版社，2011

［4］徐颂涛，孙建立. 中国人事制度改革三十年. 北京：中国人事出版社，2008

［5］钱诚. 人力资源生态论：危机中的人才流动. 北京：中国言实出版社，2015

［6］莫志宏. 人力资源的经济学分析. 北京：经济管理出版社，2004

［7］张凤林. 人力资源理论及其应用研究. 北京：商务印书馆，2006

［8］中华人民共和国财政部网站，http：//www. mof. gov. cn/

［9］中央编制领导办公室网站，http：//www. scopsr. gov. cn/

［10］中华人民共和国人社部网站，http：//www. mohrss. gov. cn/

## 第六章

# 教育与人力资源配置

● 我国一直重视加强教育，教育优先的战略地位逐步树立，教育层次不断提升，新增劳动力普遍受到高中以上教育。

● 就业人员的受教育水平有显著提高，从国际比较看，我国人均受教育年限与发达国家的差距在不断缩小。

● 我国科技人力资源总量规模优势明显，研发人员占全部就业人员的比重显著增长，但与其他国家相比较，我国研发人员比重仍然很低，研发人力投入强度指标在国际上仍处于落后水平。绝大多数科技人力资源并没有参与到科技研究领域，远离生产实践。

● 总体来看，我国仍存在人才培养结构不尽合理、技术技能型人才短缺、教育人才培养质量整体不高等需要着力解决的问题。

从短期看，人力资源优化配置是指人力资源在行业间、区域间、不同所有制间的优化分配，并不涉及教育问题。但从动态和长期来看，教育直接决定了人力资源的结构变化和人力资本水平提高，决定了人力资源适应需求变化的能力，是人力资源优化配置的基础。本报告对教育人才培养与人力资源配置理论进行述评，并对我国教育人才培养对人力资源配置效率的影响进行分析评估，提出有利于提高人力资源配置效率的教育政策建议。

# 一、教育人才培养与人力资源配置

教育是教育者对受教育者身心施加影响的社会活动，在教育服务过程中，通过教育者和受教育者的共同劳动，使受教育者的德、智、体等方面得到全面发展。从一般意义上说，接受教育是每个人参与社会生活和获得发展的基本前提。在传统农业社会，生产技术水平低，劳动技能的获得主要依靠家庭成员之间的非正规教育。在现代社会，社会分工深化，生产劳动复杂，社会成员必须具备一定的文化知识基础，掌握一定的生产技能和社会规则，才能适应社会需要，提供正规教育服务的各级各类学校就是人们系统学习知识与技能的场所，也是掌握社会规范、得以"社会化"更好地参与现代社会生活的重要渠道。

教育不仅具有社会意义，还在经济增长中发挥着关键作用。经济增长理论普遍重视人力资本对经济增长的促进作用，提出人力资本由凝聚在劳动者身上具有经济价值的知识、技术、能力和健康素质构成，是劳动者质量的反映。但是，人力资本的取得不是无代价的，需要耗费稀缺资源，人力资本的形成是投资的结果，教育投资是人力资本投资的核心。经济增长理论普遍强调教育投资在人力资本形成中的决定性作用，很多实证研究把人力资本狭义地等同于教育，比如 Lucas 提出人力资本的形成有两个主要来源——教育和干中学（learning by doing）[1]，

---

[1] Lucas, R. E., 1988, "On the Mechanics of Economic Development", Journal of Monetary Economics, 22（1）: pp. 3 –42.

并且发现教育跟经济增长正相关，如 Becker、Murphy 和 Tamura 等[①]。

教育对人力资本的投资可分为宏观教育投资和微观教育投资。宏观教育投资是政府或其他部门花在国民教育上的支出；微观教育投资是家庭或个人花在教育上的支出，包括直接投资和间接投资。直接教育投资是指由于接受教育所产生的直接支出，间接教育投资是指由于接受教育而不能工作所放弃的收入。通过投资教育，可以提高劳动者就业的回报率，因此教育具有私人收益率，同时有着巨大的正外部性，表现为社会收益率（参见表6-1）。教育投资决策是由投资的边际收益等于边际成本的均衡点所决定，只有教育的预期收益现值至少等于其支出现值时，人们才有愿望接受教育。

表6-1　　　　　　　　　不同发展水平国家教育收益率

| | | 初等教育 | 中等教育 | 高等教育 |
|---|---|---|---|---|
| 所有国家 | 社会收益率 | 27.0 | 14.4 | 12.1 |
| | 个人收益率 | 32.3 | 17.3 | 18.3 |
| 低收入国家 | 社会收益率 | 28.3 | 17.4 | 12.6 |
| | 个人收益率 | 28.8 | 14.3 | 19.0 |
| 中低收入国家 | 社会收益率 | 30.3 | 11.3 | 13.0 |
| | 个人收益率 | 42.2 | 19.5 | 24.4 |
| 中高收入国家 | 社会收益率 | 25.3 | 17.6 | 13.4 |
| | 个人收益率 | 34.6 | 22.8 | 21.3 |
| 高收入国家 | 社会收益率 | 9.6 | 10.0 | 9.2 |
| | 个人收益率 | 13.5 | 11.7 | 11.9 |

资料来源：Balbir Jain，"Return to Education：Further Analysis of Cross Country Data"，Economics of Education Review，1991，10（3）。

但是，人力资本对经济增长的贡献，并不是自动实现的，必须以

---

[①]　Becker，G. S.，K. Murphy and R. Tamura，1990，"Human Capital，Fertility，and Economic Growth"，Journal of Political Economy，98：pp. S12 - S37.

教育投资和人力资本的有效配置为前提。教育不仅在人力资本投资中发挥关键作用，教育的数量、结构和质量也深刻影响人力资源配置效率。一是教育从整体上提高了劳动者的人力资本素质，培养与产业结构变化相适应的劳动者，可以显著改善人力资源配置效率。二是教育除了提高科学文化素质外，还能提高劳动者的"配置能力"（指劳动者发现机会、抓住机会，使既定资源得到最有效配置，从而使产出增加的能力），使劳动者减少失业风险并获得更高的收入，从而增强劳动力市场的流动性，提高人力资源的配置效率。三是现代教育中的思想道德教育可以减少由道德风险、机会主义等引起的交易成本，改善人力资源配置[1]。四是教育提供了劳动力市场的信号功能。在劳动力市场上，雇主和雇员之间存在信息不对称，教育文凭可以作为雇主挑选雇员的有效依据，具备一定教育程度的雇员一般具有较强的学习能力和工作潜力，可以减少企业培训成本，优化人力资源配置。五是教育对人力资本的投资会不断提高人力资本存量，产生对新的制度的需求，因为更高教育水平的劳动力需要更体面的就业、更可靠的社会保障、更灵活的流动性，这些都会导致人力资源配置效率的提高。当然，这些都只是理论上的分析，归根到底，教育培养的人才要满足人力资源市场的需求，适应人力资源市场的变化，也就是说，教育的规模、结构和质量要适应劳动力市场的规模、结构和质量要求，并不断进行调整。

在教育数量方面，对教育形成的人力资本的计量，可以有两种量化方法，一种是从产出角度进行度量，如劳动者报酬法，即用劳动者的平均劳动所得来体现劳动者身上所蕴含的教育所形成的人力资本；

---

① 赖德胜："地区收入差距扩大的人力资本成因"，载于《当代经济研究》，1997年第4期。

二是从投入角度进行度量，如教育经费法和教育年限法。在教育质量方面，最著名的是 OECD 持续推进的"国际学生评价项目"（PISA），主要是对接近完成基础教育的 15 岁学生进行评估，测试学生们能否掌握参与社会所需要的知识与技能。在教育结构方面，除了城乡结构、区域结构外，还有教育的类型、层次结构，联合国教科文组织（UNESCO）所制订的《国际教育标准分类法》提供了一个标准的框架（表 6-2）。

表 6-2    国际教育标准分类（2011 年版）与中国学制对照

| 代码 | ISCED2011 年版 | 相当于中国标准 |
|---|---|---|
| 0 | 早期儿童教育（发展）（面向 3 岁以下儿童） | |
| | 学前教育（面向 3 岁及以上儿童） | 幼儿园 |
| 1 | 初等教育 | 小学 |
| 2 | 初级中等教育 | 初中阶段（普通初中、职业初中） |
| 3 | 高级中等教育 | 高中阶段（普通高中、中等职业技术学校、综合高中） |
| 4 | 非高等的中等后教育 | 高中后职业培训 |
| 5 | 短线高等教育 | 专科教育（高等专科学校、高等职业技术学院） |
| 6 | 学士或等同 | 本科教育（专门学院、大学） |
| 7 | 硕士或等同 | 硕士研究生教育（专门学院、大学、科学研究机构） |
| 8 | 博士或等同 | 博士研究生教育（专门学院、大学、科学研究机构） |
| 9 | 别处未分类 | |

在教育人才培养方面，存在着过度教育与教育不足两种人力资源配置失衡现象，可以从宏观和微观两个方面观察。从宏观上来说，如果一个社会的教育总供给超过了全社会对教育的总需求，也就是教育所培养的劳动者和专门人才在总量上超过了经济社会的发展需求，就是过度教育，反之则是教育不足。从微观上说，如果个人所接受的教育超过了实际工作所需的人力资本，那么个人就处于过度教育状态；

反之，如果个人所接受的教育低于实际工作所需的人力资本，那么个人就处于教育不足状态。不管是过度教育还是教育不足，都说明人力资源没有得到最优的配置。这种状况不仅降低人力资源配置效率，还会产生很多负面效应，比如会增加劳动者对工作和收入的不满情绪，不利于人力资本潜能的发挥。大多数后发国家都面临着教育不足或者说人力资本匮乏的状况，成为经济发展的重要瓶颈。随着高等教育的扩展，20 世纪 60 年代末 70 年代初，许多西方国家都出现了过度教育问题，与此同时，许多发展中国家也出现了过度教育问题。当然，也有学者认为，过度教育只是表面现象，主要是因为教育扩张降低了进入大学的门槛，许多低能力的人获得了上大学的机会，而教育投入不能及时配套，教育质量有所下降，导致学历相同但只有较低技能的人受雇于较低的工作岗位上。

## 二、我国深化和发展教育的历史与实践

中国教育结构体系的发展是和经济、科技、政治、社会的发展密切相关的。1949 年，中国 80% 的人口是文盲，小学和初中入学率仅有 20% 和 6%。为尽快改变教育落后的状况，中国高度重视教育事业发展，大力提高人口受教育水平。

### （一）加大教育投资强度，教育优先的战略地位逐步树立

计划经济时期，中国教育具有很强的福利性，受教育者通常享受免费教育或者只付出极低的成本。城镇提供的普通学历教育与职工技能培训，均属于国家公共福利，在统收统支的财政体制下，企业和单位提供的学校教育事实上也属于国家福利教育，农村教育体系则是在

国家支持下由乡村集体举办的集体福利①。尽管如此，受国家财力的制约，当时的教育投资水平是很低的，而且受政治因素的影响，教育出现了曲折发展的情况。改革开放以后，为适应经济建设对人才的需求，中国开始加大教育投资，提出教育拨款增长要高于财政经常性收入增长等要求，经过不懈努力，2012 年国家财政性教育经费支出21994 亿元，占 GDP 比例首次超过 4%。与此同时，中国还积极鼓励民间教育投入，为教育事业快速发展提供了财力支持，支撑了世纪之交普及义务教育和高等教育大众化的两次超前发展。参见表 6 - 3。

表 6 - 3　　　　　1990 ~ 2013 年中国教育投入增长情况

| 年　份 | 教育总投入占 GDP 比例 | 财政教育投入占 GDP 比例 | 人均教育经费（元） |
|---|---|---|---|
| 1990 | 3.53 | 3.04 | 57.7 |
| 2000 | 3.88 | 2.87 | 303.7 |
| 2010 | 4.87 | 3.66 | 1458.9 |
| 2013 | 5.34 | 4.30 | 2231.5 |

### （二）实行低重心的教育发展战略，免费义务教育全面普及

1949 年，中国 80% 的人口是文盲，小学和初中入学率仅有 20% 和 6%。为尽快改变教育落后的状况，中国始终适应发展阶段的实际需求，坚持低重心的教育发展策略，在相当长一段时期里将"两基"（即基本普及九年义务教育、基本扫除青壮年文盲）为教育工作的"重中之重"。2000 年，中国如期实现了"两基"目标，接受过九年义务教育的人口比例达到 85%，青壮年文盲率下降到 5% 以下。在此基础上，经过十年攻坚，2011 年年底，全国全面普及了九年义务教

---

① 郑功成："从福利教育走向混合型的多元教育体系——中国的教育福利与人力资本投资"，载于《清华大学教育研究》，2004 年第 5 期。

育，青壮年文盲率降到 1.08%。在普及义务教育过程中，中国逐步免除义务教育学杂费，将义务教育纳入各级政府财政保障的范围，实现了完全意义上的免费义务教育。义务教育质量稳步提升，在 2009 年和 2012 年两次 PISA 调查中，上海接受测评的学生在阅读素养、数学素养和科学素养三项评价中均排在第一位。普及义务教育所形成的巨大规模的、低成本的相对高素质的人力资本优势，成为中国向发达经济体实行赶超的巨大优势。

### （三）教育层次不断提升，新增劳动力普遍受到高中以上教育

在普及义务教育的基础上，中国也十分重视高等教育的发展。但是，中国高等教育曾发生过多次较大规模的曲折发展。1958～1960年、1983～1984 年、1992～1993 年和 1999 年至今都出现了高等教育规模的超常快速增长，但前三次快速增长以后，又分别出现了大幅度负增长、增长下调和速度放慢现象。其中，1958～1960 年高等教育发展还出现了大起大落的严重问题。真正意义上的高等教育跨越式发展发生在 1998 年。当年，全国普通高校招生数为 108.36 万人，此后三年，普通高校招生数分别比上一年度递增 47.36%、38.16%、21.61%，到 2001 年时高校招生数已达 268.28 万人，是 1998 年的 2.5 倍。经过不断发展，高等教育在学总规模从 1998 年的 800 万人增加到 2014 年的 3559 万人，建成了世界上最大规模的高等教育体系。高等教育的普及也带动了高中阶段教育的发展，高中阶段教育规模从 1977 年的 1868.9 万人增加到 2014 年的 4170.65 万人，新增劳动力绝大部分接受过高中以上教育。

### （四）教育类型不断优化，教育与劳动力市场联系更加紧密

中国在加强普通教育的同时，也重视从中学阶段开始对学生进行

分流，让一批初中毕业生和高中毕业生接受职业教育。由于历史、观念及体制等多方面因素的制约，职业教育经历了曲折的发展历程。在高中阶段，职业技术教育在校生的比例 1980 年为 18.9%，1995 年达到 56.8%，之后又开始下降，1999 年下降至 48.64%，2005 年继续下降至 37.3%，高等职业教育亦开始滑坡。2005 年以后，中国开始大力发展职业教育，2014 年，中等职业教育在校生 1755.28 万人，占高中阶段教育在校生总数的 42.09%。职业教育培养的人才成为中国中高级技能人才的重要来源，特别在高速铁路、城市轨道交通、现代物流、电子商务、信息服务等快速发展的行业中，新增技能人才 70% 以上来自职业院校，成为实体经济发展的中坚力量①。

## （五）教育成本分担机制和毕业生自主就业制度的建立，增强了教育人才培养的针对性

在发展教育事业过程中，中国逐步意识到，在一个 13 亿人口的国家举办教育事业，单靠国家投资是绝对行不通的。从 20 世纪 80 年代中期开始，高等学校实行公费生、自费生、委培生制度，对一部分计划外的学生实行收费。20 世纪 90 年代中期，非义务教育阶段实行收费制度，高等学校实行收费并轨，统一按教育成本的一定比例收取学费和住宿费，义务教育阶段的公立学校收取少量杂费，从而逐步确立了政府财政性教育经费、社会团体和公民个人办学经费、社会捐集资、学杂费、其他收入等多种渠道并存的教育筹资局面。改革开放以后，中国逐步改革"统包统分"的毕业生就业制度，实行"双向选择、自

---

① 张德江：全国人民代表大会常务委员会执法检查组关于检查《中华人民共和国职业教育法》实施情况的报告，2015 年 6 月 29 日在第十二届全国人民代表大会常务委员会第十五次会议上，http：//www.npc.gov.cn/npc/xinwen/2015-06/29/content_1939891.htm。

主择业"的就业制度。在私人收益率高的非义务教育阶段，建立成本分担机制和毕业生自主就业制度，使个人教育投资与教育收益的联系更加紧密，劳动力市场激励相对充分，有利于提高人力资源配置效率。数据表明，从 2011 年以来的近三届大学毕业生看，他们的月收入在毕业半年后呈现上升趋势，大学教育的长期回报是明显的，读大学比不读大学在收入的长期提升中有较大优势[①]。

经过不懈努力，中国人力资本水平正处在新的历史起点上。2015年，学前三年毛入园率 75%，达到中高收入国家的平均水平；小学净入学率 99.95%、初中阶段毛入学率 104%，九年义务教育巩固率93%，普及程度超过高收入国家平均水平；高中阶段毛入学率 87%，新增劳动力绝大部分接受过高中以上教育；高等教育毛入学率 40%，超过中高收入国家平均水平。2010 年召开的第四次全国教育工作会议，颁布了《国家中长期教育改革和发展规划纲要（2010 – 2020年)》，对 2015 年和 2020 年的教育与人力资源开发目标进行了全面部署，提出到 2020 年建成人力资源强国的目标。见表 6 – 4、表 6 – 5。

表 6 – 4　　《教育规划纲要》关于教育事业发展的主目标

| 指　标 | | 2009 年 | 2015 年 | 2020 年 |
|---|---|---|---|---|
| 学前教育 | 幼儿在园人数（万人） | 2658 | 3400 | 4000 |
| | 学前一年毛入园率（%） | 74.0 | 85.0 | 95.0 |
| | 学前两年毛入园率（%） | 65.0 | 70.0 | 80.0 |
| | 学前三年毛入园率（%） | 50.9 | 60.0 | 70.0 |
| 九年义务教育 | 在校生（万人） | 15772 | 16100 | 16500 |
| | 巩固率（%） | 90.8 | 93 | 95 |
| 高中阶段教育* | 在校生（万人） | 4624 | 4500 | 4700 |
| | 毛入学率（%） | 79.2 | 87 | 90 |

---

① 麦可思研究院：《2015 年中国大学生就业报告》。

续表

| 指　标 | | 2009 年 | 2015 年 | 2020 年 |
|---|---|---|---|---|
| 职业教育 | 中等职业教育在校生（万人） | 2179 | 2250 | 2350 |
| | 高等职业教育在校生（万人） | 1280 | 1390 | 1480 |
| 高等教育** | 在学总规模（万人） | 2979 | 3350 | 3550 |
| | 在校生（万人） | 2826 | 3080 | 3300 |
| | 其中：研究生（万人） | 140 | 170 | 200 |
| | 毛入学率（%） | 24.2 | 36 | 40 |
| 继续教育 | 从业人员继续教育（万人次） | 16600 | 29000 | 35000 |

注：* 含中等职业教育学生数；** 含高等职业教育学生数。

**表 6 – 5**　　　《教育规划纲要》关于人力资源开发的主要目标

| 指　标 | 2009 年 | 2015 年 | 2020 年 |
|---|---|---|---|
| 具有高等教育文化程度的人数（万人） | 9830 | 14500 | 19500 |
| 主要劳动年龄人口平均受教育年限（年） | 9.5 | 10.5 | 11.2 |
| 　其中：受过高等教育的比例（%） | 9.9 | 15.0 | 20.0 |
| 新增劳动力平均受教育年限（年） | 12.4 | 13.3 | 13.5 |
| 　其中：受过高中阶段及以上教育的比例（%） | 67.0 | 87.0 | 90.0 |

资料来源：http://www.moe.gov.cn/publicfiles/business/htmlfiles/moe/moe_ 838/201008/93704.html。

# 三、我国就业人员的受教育水平及国际比较

改革开放以来，快速发展的教育事业极大提高了全民的受教育水平，也显著改善了我国就业人员的文化素质，为经济社会发展提供了高质量的人力资源支撑。

## （一）就业人员的受教育水平有显著提高

改革开放以来，在劳动年龄人口不断增长的同时，就业人员的整体受教育水平也不断提升。根据第四次、第五次、第六次人口普查数

据，我国就业人口按接受教育人年计算的人力资本总量从 1990 年的 44.1 亿人年，增加为 2000 年的 57.3 亿人年和 2010 年的 68.4 亿人年，从业人口的人均受教育年限由 1990 年的 6.8 年增加为 2000 年的 8.0 年和 2010 年的 9.1 年。参见表 6-6。

表 6-6　　　　　　　我国就业人员受教育程度构成　　　　　单位:%

| 年份 | 未上过学 | 小学 | 初中 | 高中 | 大学专科 | 大学本科 | 研究生及以上 |
|------|---------|------|------|------|---------|---------|-------------|
| 2014 | 1.9 | 18.5 | 47.9 | 17.1 | 8.5 | 5.5 | 0.51 |
| 2010 | 4.8 | 26.3 | 48.7 | 12.8 | 4.7 | 2.5 | 0.23 |
| 2005 | 6.2 | 27.4 | 45.8 | 13.4 | 5.0 | 2.1 | 0.13 |
| 2000 | 11.0 | 33.3 | 39.9 | 11.9 | 3.8 | — | — |
| 1999 | 11.5 | 34.2 | 38.9 | 11.9 | 3.5 | — | — |

资料来源：历年《中国劳动统计年鉴》。

就业人员教育水平底部抬升明显。初中及以下文化程度就业人员比例明显下降，从 2000 年的 84.2% 下降到 2014 年的 68.3%，2014 年未上过学的就业人员比例下降到 1.9%。高层次人力资源总量明显增加。具有大专及以上文化程度的人力资源总量从 2000 年的 3343 万人增加为 2010 年的 7555 万人，具有高中及以上文化程度的人力资源总量从 2000 年的 9067 万人增加为 2010 年 10424 万人。以从业人员最多的制造业为例，近年来，我国制造业从业人员的文化知识水平逐步提升，大专及以上文化程度人数从 2000 年的 519 万人增加为 2010 年的 1244 万人；高中文化程度从业人员数从 2000 年的 2035 万人增加为 2010 年的 2540 万人。

就业人员受教育程度的提升主要是新增劳动年龄人口贡献的。第六次人口普查数据表明，40～44 岁年龄组人口的人均受教育年限为 9.04 年，35～39 岁年龄组为 9.52 年，30～34 岁年龄组为 10.11 年，25～29 岁年龄组为 10.65 年，20～24 岁年龄组为 11.14 年。可以看出，我国主要劳动年龄人口大概每年轻 10 岁，平均受教育程度就能提高 1 年，说明近年来我国新增劳动力受教育程度提高明显。

就业人员受教育程度具有明显的结构性特征，其中主要是农林牧渔水利业从业人员受教育程度较低。2014 年，该行业从业人员占比 36.1%，但是在未上过学、小学、初中的就业人员中占比分别达 79.9%、68.6%、40.1%。参见表 6-7。

表 6-7　　　　2014 年按受教育程度分的全国就业人员职业构成　　　　单位:%

| 受教育程度 | 合计 | 单位负责人 | 专业技术人员 | 办事人员和有关人员 | 商业、服务业人员 | 农林牧渔水利业从业人员 | 生产运输设备操作人员及有关人员 | 其他 |
|---|---|---|---|---|---|---|---|---|
| 总　计 | 100.0 | 2.3 | 9.9 | 6.5 | 20.7 | 36.1 | 24.2 | 0.3 |
| 未上过学 | 100.0 | 0.2 | 1.7 | 0.8 | 7.5 | 79.9 | 9.7 | 0.2 |
| 小　学 | 100.0 | 0.8 | 1.9 | 1.5 | 10.9 | 68.6 | 16.2 | 0.3 |
| 初　中 | 100.0 | 1.5 | 4.1 | 2.9 | 21.1 | 40.1 | 30.0 | 0.4 |
| 高　中 | 100.0 | 3.5 | 12.0 | 9.3 | 32.3 | 14.2 | 28.3 | 0.4 |
| 大学专科 | 100.0 | 5.1 | 32.2 | 20.1 | 24.3 | 2.5 | 15.4 | 0.4 |
| 大学本科 | 100.0 | 5.8 | 45.2 | 25.1 | 14.3 | 1.1 | 8.1 | 0.4 |
| 研究生 | 100.0 | 6.2 | 58.7 | 22.5 | 8.0 | 0.9 | 3.6 | 0.2 |

## （二）从国际比较看，我国人均受教育年限与发达国家的差距在不断缩小

新中国成立初期，我国人均受教育年限仅为 1.5 年，同一时期的澳大利亚是 8.6 年、法国是 4.3 年、韩国是 4.5 年；改革开放之初，我国人均受教育年限为 4.7 年，同一时期的澳大利亚是 11.5 年、法国是 5.9 年、韩国为 8.3 年；中国加入世贸组织后，经济进一步腾飞，我国人均受教育年限为 7.6 年，澳大利亚为 11.8 年、法国是 9.9 年、韩国是 11.5 年。见表 6-8 所示。随着经济发展，我国政府在教育方

面的投入不断增加，以受教育年限作为衡量标准的人力资本水平得到进一步的发展，与发达国家的差距不断缩小。

表6-8　中国及其他国家或地区15岁及以上人口的平均受教育年限　单位：年

|  | 1950 年 | 1980 年 | 2000 年 | 2010 年 |
|---|---|---|---|---|
| 澳大利亚 | 8.636 | 11.541 | 11.771 | 12.119 |
| 法　国 | 4.323 | 5.955 | 9.555 | 10.533 |
| 中　国 | 1.535 | 4.748 | 7.106 | 8.167 |
| 韩　国 | 4.506 | 8.292 | 11.055 | 11.848 |
| 中国台湾 | 4.308 | 7.608 | 10.068 | 11.343 |
| 英　国 | 5.904 | 7.749 | 8.930 | 9.754 |
| 美　国 | 8.412 | 12.027 | 12.706 | 13.097 |
| 丹　麦 | 7.427 | 9.298 | 9.712 | 10.057 |
| 芬　兰 | 5.385 | 8.273 | 8.193 | 9.974 |

资料来源：Barro - Lee Educational Attainment Dataset. ①

## 四、我国科技研发人员的发展与比较

科研领域研发人员是一个国家经济和科技发展的重要力量，也是一个国家科研实力的重要标志。2014 年，我国科技人力资源保持稳定增长，总量达到 7512 万人；R&D 人员总量上升至 371.1 万人年，R&D 研究人员总量达到 152.4 万人年，居世界首位。

### （一）我国科技人力资源总量规模优势明显

2014 年，我国科技人力资源总量达到 7512 万人，比上年增长

---

① 在教育成就国际数据集中，1950 年、1980 年、2000 年、2010 年的数据代表了新中国成立初期、改革开放初期、加入世贸组织初期以及经济腾飞。

5.7%。其中大学本科及以上学历的科技人力资源总量为 3170 万人，比上年增长 7.7%（图 6－1）。我国本科及以上学历科技人力资源总量相当于美国的科学家工程师的总量。根据美国《科学与工程指标 2016》，2013 年美国科学家工程师总量为 2110 万人。

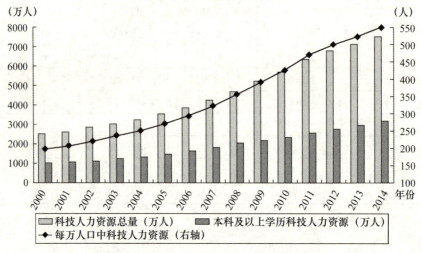

图 6－1　科技人力资源总量（2000～2014 年）

　　无论是按人头数还是按全时当量计，我国投入研发活动的人力规模都已经成为全球最高的国家。按人头数统计，2014 年我国 R&D 人员总数为 535.1 万人，比 2013 年增长 6.6%；其中博士 31.7 万人、硕士 69.9 万人、本科毕业生 142.9 万人，分别占总数的 5.9%、13.1% 和 26.7%。按全时当量统计，2014 年我国 R&D 人员总量为 371.1 万人年，比上年增加 17.8 万人年，增幅为 5.0%。R&D 研究人员总量为 152.4 万人年，比上年增加 4.0 万人年，增幅为 2.7%（图 6－2）。发达国家中，美国研发队伍规模最大。2012 年美国 R&D 研究人员为 126.5 万人年①。

---

　　①　根据 2016 年 1 月 OECD 发布的《主要科技指标》（2015－2），美国 R&D 研究人员全时当量年度数据被全部向下调整，2007 年的数据由 141.3 万人年下调到 113.4 万人年，2011 年为 125.3 万人年。

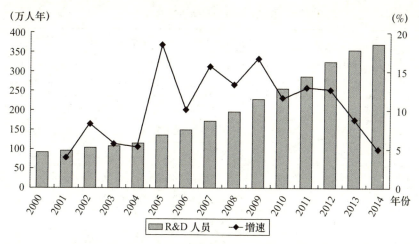

图 6-2　R&D 人员总量变化趋势 (2000~2014 年)

根据 OECD 对 41 个主要国家和地区的统计, 中国 R&D 研究人员全时当量数占全球总量的占比从 2009 年的 18.4% 上升到 2014 年的 21.4%, 美国的比重则从 19.9% 下降到 17.8%。

### (二) 我国研发人员占全部就业人员的比重显著增长。

我国研发人力资源总量保持着逐年稳定增长的态势, 加之劳动力人口稳定和产业结构调整, 使得我国研发人力投入强度近几年增长显著。我国每万名就业人员的 R&D 人员数从 2010 年的 33.6 万人年上升到 2014 年的 48.0 万人年, 完成并超过"十二五"科技规划目标 (43 万人年)。

R&D 活动按其活动性质分为三种类型: 基础研究、应用研究和试验发展研究。2004 年以来, 从事基础研究人员的比重由 9.6% 下降到 6.3%, 从事应用研究人员的比重由 24.2% 下降到 11%, 从事试验发展研究人员的比重由 66.2% 上升到 82.7% (表 6-9)。试验发展研究是把基础研究、应用研究应用于生产实践的研究, 是科学转化为生产力的中间环节。中国研发人力资源不断向试验发展研究活动倾斜, 有利于产业结构升级和生产效率提高。

表 6 – 9                       R&D 人员的具体类型分布

| 年　份 | R&D 人员全时当量（万人年） | 基础研究 | | 应用研究 | | 试验发展 | |
|---|---|---|---|---|---|---|---|
| | | 人员数（万人年） | 占比（%） | 人员数（万人年） | 占比（%） | 人员数（万人年） | 占比（%） |
| 2004 | 115.3 | 11.1 | 9.6 | 27.9 | 24.2 | 76.3 | 66.2 |
| 2005 | 136.5 | 11.6 | 8.5 | 29.7 | 21.8 | 95.2 | 69.7 |
| 2006 | 150.2 | 13.1 | 8.7 | 29.9 | 19.9 | 107.2 | 71.4 |
| 2007 | 173.6 | 13.8 | 7.9 | 28.6 | 16.5 | 131.2 | 75.6 |
| 2008 | 196.5 | 15.4 | 7.8 | 28.9 | 14.7 | 152.2 | 77.5 |
| 2009 | 229 | 16.3 | 7.1 | 31.5 | 13.8 | 181.2 | 79.1 |
| 2010 | 255.4 | 17.4 | 6.8 | 33.6 | 13.2 | 204.5 | 80 |
| 2011 | 288.3 | 19.3 | 6.7 | 35.3 | 12.2 | 233.7 | 81.1 |
| 2012 | 324.7 | 21.2 | 6.5 | 38.4 | 11.8 | 265.1 | 81.7 |
| 2013 | 353.3 | 22.3 | 6.3 | 39.6 | 11.2 | 291.4 | 82.5 |
| 2014 | 371.1 | 23.5 | 6.3 | 40.7 | 11 | 306.8 | 82.7 |

资料来源：《中国科技统计年鉴》（2014）。

## （三）我国研发人员的分布情况

### 1. 研发人员主要配置在大中型工业企业

2013 年大中型工业企业 R&D 人员总量 249.4 万人年，占全部 R&D 人员的 70.6%。其他：高等学校 R&D 人员总量 32.5 万人年，中央部门研究与开发机构 28.69 万人年，中国科学院研究与开发机构 7.22 万人年。

### 2. 我国研发人力资本主要在东部发达地区

我国东部省市 R&D 人员占全国 R&D 人员的 67.38%，中部省市占全国 R&D 人员的 22.34%，西部省市占全国 R&D 人员的 10.28%；东部省市 R&D 研究人员占全国的 60.39%，中部省市占全国 R&D 研究人员的 26.11%，西部省市占全国 R&D 研究人员的 13.49%。我国各省市 R&D 人员和 R&D 研究人员排在前 6 位的均为东部发达地区省市。R&D 人员排在前 6 位的是广东、江苏、浙江、山东、北京、上海，这 6 个省市总量占全国的 55.65%，占东部省市的 82.6%；R&D 研究人员排在前 6 位是广东、江苏、山东、北京、浙江、上海，这 6 个省市总量占全国的 48.54%，占东部省市的 80.38%（见表 6 - 10）。

表 6 - 10　　2013 年省市 R&D 人员、R&D 研究人员情况　单位：万人年

| 省　市 | R&D 人员 | R&D 研究人员 | 省　市 | R&D 人员 | R&D 研究人员 |
|---|---|---|---|---|---|
| 北　京 | 24.22 | 12.76 | 湖　北 | 13.31 | 6.65 |
| 山　西 | 4.9 | 2.82 | 广　西 | 4.07 | 1.97 |
| 吉　林 | 4.8 | 2.72 | 四　川 | 10.97 | 5.8 |
| 江　苏 | 46.62 | 14.77 | 西　藏 | 0.12 | 0.08 |
| 福　建 | 12.25 | 3.45 | 青　海 | 0.48 | 0.28 |
| 河　南 | 15.23 | 6.55 | 河　北 | 8.95 | 4.68 |
| 广　东 | 50.17 | 17.96 | 辽　宁 | 9.49 | 5.19 |
| 重　庆 | 5.26 | 2.51 | 上　海 | 16.58 | 7.21 |
| 云　南 | 2.85 | 1.57 | 安　徽 | 11.93 | 4.76 |
| 甘　肃 | 2.5 | 1.51 | 山　东 | 27.93 | 11.1 |
| 新　疆 | 1.58 | 1.04 | 湖　南 | 10.34 | 4.95 |
| 天　津 | 10.02 | 4.03 | 海　南 | 0.7 | 0.23 |
| 内蒙古 | 3.73 | 2.12 | 贵　州 | 2.39 | 1.21 |
| 黑龙江 | 6.27 | 4.11 | 陕　西 | 9.35 | 5.67 |
| 浙　江 | 31.1 | 8.24 | 宁　夏 | 0.82 | 0.35 |
| 江　西 | 4.35 | 2.1 | | | |

资料来源：《中国主要科技指标数据库》。

### （四）与其他国家相比较，我国研发人员比重仍然很低

**1. 从国际比较看，我国研发人力投入强度指标在国际上仍处于落后水平**

2014 年，我国每万名就业人员的 R&D 人员在 R&D 人员总量超过

10 万人年的国家中仅高于土耳其和巴西等发展中国家。韩国、法国等国家的万名就业人员 R&D 人员数量是中国的 3 倍以上。2014 年，我国每万名就业人员的 R&D 研究人员在 R&D 人员总量超过 10 万人年的国家排名中倒数第 2，发达国家这一指标值普遍是中国的 4 倍以上（见表 6 – 11）。

表 6 – 11　　　　　R&D 人员总量超过 10 万人年的国家

| 国家 | 年份 | R&D 人员（万人年） | 万名就业人员 R&D 人员数（人年/万人） | R&D 研究人员（万人年） | 万名就业人员 R&D 研究人员数（人年/万人） |
|---|---|---|---|---|---|
| 中　国 | 2014 | 371.1 | 48.0 | 152.4 | 19.7 |
| 韩　国 | 2014 | 43.1 | 168.3 | 34.5 | 134.9 |
| 日　本 | 2014 | 89.5 | 137.2 | 68.3 | 104.7 |
| 法　国 | 2014 | 42.2 | 154.9 | 26.9 | 98.8 |
| 澳大利亚 | 2010 | 14.8 | 132.2 | 10.0 | 89.8 |
| 英　国 | 2014 | 38.8 | 126.3 | 27.4 | 89.0 |
| 加拿大 | 2013 | 22.7 | 125.6 | 15.9 | 88.2 |
| 美　国 | 2012 | | | 126.5 | 87.4 |
| 荷　兰 | 2014 | 12.3 | 140.9 | 7.6 | 86.4 |
| 德　国 | 2014 | 60.1 | 140.7 | 36.0 | 84.2 |
| 西班牙 | 2014 | 20.0 | 111.1 | 12.2 | 68.0 |
| 俄罗斯 | 2014 | 82.9 | 115.9 | 44.5 | 62.2 |
| 波　兰 | 2014 | 10.4 | 66.4 | 7.9 | 50.0 |
| 意大利 | 2014 | 24.6 | 101.2 | 12.0 | 49.3 |
| 土耳其 | 2014 | 11.5 | 44.5 | 9.0 | 34.6 |
| 巴　西 | 2010 | 26.7 | 21.7 | 13.9 | 11.3 |

资料来源：OECD, Main Science and Technology Indicators, January 2016.

### 2. 我国科技人力资源配置不够合理

R&D 人员占全国科技人力资源的 7.1%，R&D 研究人员占全国科技人力资源的 2%，绝大多数科技人力资源并没有参与到科技研究领域，远离生产实践。这些人力资本存量不能直接作用于生产过程，造成了严重浪费。我国是科技人力资源大国，但还不是科研人力资本强国。

我国东部、中部、西部三大地区科研人力投入总体呈现增长趋势，但由于东部地区人才集聚效应，越来越多的科研人才向东部地区流动，造成东部地区科研人力资本增长迅速，在全国的科研人力资本比重逐年提高，而中部、西部地区科研人力资本比重逐年下降，中部崛起、西部大开发面临科研人力资本的短缺局面。

## 五、我国教育培养面临的问题与挑战

中国教育培养的人才还不能完全适应劳动力市场的规模、结构和质量要求，教育质量不高制约了人力资源适应市场需求进行高效率配置的能力。

### （一）教育投资水平偏低

按绝对值计算，2014 年，中国人均教育经费为 640 美元，是美国 2010 年人均教育经费的 1/5（3300 美元），是 2010 年 OECD 组织国家和韩国人均教育经费的 1/3 左右（2200 美元），略低于中等收入国家智利（1000 美元）。按相对值计算，2014 年中国教育总投入占 GDP 的 5.15%，而美国 2010 年为 7.3%、韩国为 7.6%、智利为 6.4%、OECD 组织国家平均为 6.3%。其中，财政性教育投入占 GDP 比例为 4.15%，低于美国（5.3%）、韩国（4.8%）以及 OECD 组织国家的平均水平。随着中国经济进入新常态，国内财政收入增长趋缓，使公共财政教育经费难以像前些年那样保持高速增长。与此同时，私人教育投入增长缓慢，从居民消费支出结构看，1990～2013 年间，城乡居民的居住、交通通讯、医疗保健等方面的消费支出占比均上升，但是教育消费支出占比却下降，城镇从 7.3% 下降为 4.7%，农村由 10.5% 下降为 5% 左右。

### （二）基础教育的公平性不足

教育对人力资源配置的作用不仅取决于教育投资的数量，也取决于教育公平。因为教育不平等会使社会不同收入阶层逐渐被固化，既不利于市场竞争机制的形成，也不利于知识和科技在不同收入阶层间的扩散，最终阻碍劳动生产率在全社会范围的提升[1]。教育的社会收益率在基础教育阶段最高，增强基础教育的公平性至关重要。但是，中国教育在基础教育阶段存在的明显的公平性不足的情况，越是经济欠发达地区，教育的公共投入反而越少，普遍财政自给率低，教育投入稳定增长机制尚未形成，普遍办学条件落后，许多地方控辍保学和巩固普及成果的压力很大。城乡间生均拨款、办学条件、师资水平差距依然存在，根本改变农村教育的落后面貌还需要较长的时间。随着农村学龄人口减少、农村劳动力向城市流动、农村居民对高质量教育需求提高、农村生源进一步减少、农村教师队伍不稳定，加上不合理的布局调整，一些农村学校日益凋敝，在快速城市化过程中，还出现了学生上学路程普遍变远、上学交通安全存在隐患、寄宿制学校办学条件不到位、进城务工人员子女和留守儿童教育等新问题。

### （三）高等教育存在局部的过度教育

中国教育在整体不足的情况下，在高等教育环节出现了局部的过

---

[1] 金立群："中国如何跨越'中等收入陷阱'"，载于《人民日报》，2015 年 8 月 11 日第 7 版。

度教育，即从 20 世纪 80 年代后期出现了大学毕业生就业难现象，20 世纪 90 年代至今，大学毕业生初次就业率呈下降趋势，最近十几年来，大学毕业生的初次就业率一直维持在 70% 左右，一部分大学毕业生处于失业状态，还有很多已就业的大学毕业生从事层次较低的工作，导致教育资源存在明显的未充分利用问题。有关研究表明，中国高等教育培养的人才在使用方面的浪费现象严重：在专业上用非所学约占 14% 以上，层次上的高才低用约占 13% 以上，数量上的人浮于事造成 1/3 的人才未发挥应有作用。过度教育是一种浪费，说明人力资本没有得到优化配置。而且，具有更多人力资本的大学毕业生在就业上表现出了明显的城镇倾向、东部地区倾向、国有企事业单位倾向，导致一些部门和地区过度储存了人力资本，另一些部门和地区则严重缺乏人力资本。

### （四）技术技能型人才短缺

与大学生就业难问题并存的是，从 2004 年以来，招工难成了很多企业面临的难题，而且这一现象从东部沿海地区逐渐蔓延到了西部地区。招工难的直接原因是技术技能型人才短缺，这与职业教育发展偏差有关。中国职业教育虽然快速发展，但是培养的人才却远远不能适应需求。基础教育阶段缺乏职业道德教育和职业意识教育，对学生创新精神、实践能力培养不足，职业教育涉及实训设备、实训基地的投入，培养成本昂贵，而且职业教育财政投入的行政化分配方式和属地管理的体制与产业升级的市场化导向存在矛盾，行业企业参与的积极性不高，导致人才培养规格与制造业需求脱节，整个职业教育总体上还处在依靠低成本、规模扩张谋求发展的阶段，办学特色不鲜明，人才培养模式滞后，专业设置和教学内容与就业需求联系不紧密，难以保障毕业生能就业、就好业，行业和企业都反映，职业学校培养的人才用不上，行业企业需要的人才职业学校又培养不出来，导致了人力资源配置的扭曲。

### （五）教育人才培养质量整体不高

中小学应试教育仍然扎扎实实，进一步导致了幼儿教育小学化、中小学生课业负担过重等问题，严重损害了学生的健康成长，导致教育的扭曲。总的来看，各级各类教育活动的观念仍相对落后，内容方法比较陈旧，培养的学生适应社会和就业创业能力不强。教育进展国际评估组织对 21 个国家进行的调查显示，中国孩子的计算能力排名世界第一，想象力却排名倒数第一，创造力排名倒数第五；在中小学生中，认为自己有好奇心和想象力的只占 4.7%，而希望培养想象力和创造力的只占 14.9%[1]。高等学校在高水平学科、科技创新能力、拔尖创新人才培养、制度建设等方面与世界一流大学相比，仍存在明显不足，人才培养质量不适应经济社会发展的需要，创新型、实用型、复合型等紧缺人才培养不足，毕业生在批判性思维和独立思维能力方面、在创新精神和实践能力方面、在对经济和科技发展的适应性和灵活性方面，与一些发达国家的毕业生相比还有相当大的差距[2]。

### （六）人才培养结构不尽合理

高等教育的层次结构、学科专业结构不合理，部分高校应用学科体系与行业产业需求存在较大差距。在高等教育大众化发展过程中，

---

① 耿银平："'不适应'给教育改革添动力"，载于《光明日报》，2013 年 4 月 10 日。
② 闵维方："教育在转变经济增长方式中的作用"，载于《北京大学教育评论》，2013 年第 2 期。

许多高校特别是地方高校为获得更多的财政投入，盲目追求高层次、综合性、研究型定位。综合性院校从 1999 年的 74 所增加到 2007 年的 522 所，一些本应为当地经济发展培养应用型人才的地方高校也争上硕士点和博士点。许多学校不顾自身教育教学设施、仪器设备和实验实习场地的限制，大量增设学科和专业，导致学科专业覆盖面过宽、专业设置结构趋同，比如，2007 年，超过 80% 的本科学校设置了英语专业，79.9% 的学校设置了计算机专业，而这些专业学生的就业情况往往最为严峻。在大学合并过程中，许多过去与行业联系紧密的农业、地质、矿业、师范、医科等高校模糊了原有的办学特色，对人力资本需求的适应性减弱①。

## 六、进一步促进教育发展的政策建议

教育人才培养机制是否科学直接关系到人力资本的配置效率，影响着教育事业的发展及其功能的发挥，从而影响到整个社会政治、经济、文化的发展。为进一步实现人力资本的有效配置，推动教育事业的可持续发展，我们提出如下几条政策建议。

### （一）进一步提高教育普及水平

加快普及学前教育，从根本上缓解"入园难"，巩固提高九年义务教育水平，特别是要提高普及质量，要为贫困人口提供合格的义务教育，让他们取得有效的学习结果。可以根据政府财力的变化，逐步将基本公共教育服务的内容从义务教育、学生资助延伸到学前一年教

---

① 陈国良、董业军、王秀军："我国高等教育布局结构面临的挑战及对策建议"，载于《复旦教育论坛》，2011 年第 3 期。

育、免费的职业教育等。高等教育发展及其诱导形成的高中阶段教育的扩大，是提高教育普及水平的有效手段，也是中国适应制造业转型升级的必然要求，必须坚定不移的大力发展，不能因为出现大学生就业难问题就停滞不前。在这方面要吸取美国的教训。美国在产业结构升级过程中，人力资本要求高的产业和对人力资本要求低的产业扩张快，中间的产业处于萎缩状态，导致许多青年人不上大学甚至不上高中，形成所谓"从中学直接进入中产阶级"模式。然而，在全球化进程中，美国低端制造业在国际分工中日益丧失竞争力，实体经济相对萎缩，每一次经济衰退都会永久性地丧失一部分就业岗位，形成"无就业复苏"。按照现有的发展速度，要力争到2020年基本普及学前三年教育、普及高中阶段教育，高等教育毛入学率达到40%。

### （二）进一步扩大全社会教育投资的力度

提高人力资本水平，仍然需要源源不断的教育投资，必须牢固树立教育优先发展的指导思想，加大财政教育投入。当前，财政教育投入占GDP 4%的目标较多的是靠一定历史时期里行政力量的强力推动、各级政府的层层落实实现的，成绩还很脆弱，各地进展不平衡，特别是一些欠发达地区，财政支出压力很大，容易反弹。要在已有成绩的基础上，推动教育经费筹集和管理朝着制度化、科学化方向发展，建立财政教育投入稳定增长机制。要切实落实《教育法》有关规定，各地财政支出总额中教育经费所占比例应当随着国民经济的发展逐步提高，保证教育财政拨款的增长高于财政经常性收入的增长，使按在校学生人数平均的教育费用逐步增长，保证教师工资和学生人均公用经费逐步增长。要制定好各级各类教育投入标准，标准是投入的依据。要研究制定学校办学基本标准，制定和完善各级各类教育生均经费标准和生均财政拨款标准，并建立稳定增长机制。建立对地方政府财政教育投入的常态监测机制，加强问责，督促地方政府加大财政投入。同时，要积极引导教育民间投资，要打破政府包的过多的局面，政府财政性教育经费更多地介入托底问题，利用市场机制满足更多中上等收入家庭的选择性教育需求，由政府和市场双轨驱动，促进经费快速增长，保障教育的可持续发展。

### （三）大力促进教育公平

促进教育公平，既是一个现实的民生问题，也是人力资本合理配置的内在要求，必须作为中国教育政策的基本导向。促进教育公平，在短期内，可以发挥政府调节教育资源配置的作用，尽快缩小差距，为治本赢得时间。从长期看，要建立公平的教育管理制度，也就是政府要公平对待城市教育和农村教育，公平地对待区域内的每一所学校，在教育资源配置上要尽可能向农村教育和薄弱学校倾斜，把更多的精力用在提高薄弱学校办学水平上，而不是简单地投入资源。还要建立对地方政府促进教育公平的政绩考核制度，也就是在评价一个地区教育发展成绩时，不是看升学率的高低，而是看学校和学校之间的差距有没有缩小。同时，要适当提高教育经费管理的重心，明确中央政府和省级政府的投入责任，平抑区域差异。要以巨大的勇气向教育不公平开战，对符合教育公平的改革目标，只要看准了，就要鼓起勇气去做。

### （四）建立高质量的职业教育体系

在基础教育阶段加强职业道德和职业意识教育，引导学生在教育早期逐步形成自己的职业兴趣。推进普通高中多样化发展，在普通高中开设职业技术教育课程，探索走班制等教学形式，探索综合高中等办学模式。行业企业办职业教育是我国计划经济时期培养技能型人才的宝贵经验，培养了一大批专业技术人才和技能型人才，虽然大多只是高中层次，但是非常实用。改变我国职业教育脱离实际需求的问题，关键是探索在市场经济条件下推进行业、企业深度参与职业教育办学的有效实现形式。要积极推进产教结合与校企合作，鼓励行业企业参与办学和管理，以此带动专业调整与建设，引导课程设置、教学内容和教学方法改革，促进职业教育与产业行业企业需求的对接，增强职业教育的针对性。同时，要继续加大职业教育投入，加强"双师型"教师队伍建设。

### （五）优化高等教育结构

大众化阶段的高等教育必然伴随着结构的多样化、多层次化，因此每所高等学校都应在高等教育分类体系中确定自己的位置。要努力扩大高校在学科、专业、教学上的自主权，建立包括大学生就业指标在内的高校质量评价制度，形成高校自觉面向市场调整人才培养模式的机制。要调整现有的高等学校布局，本科教育应大力培养应用型人才、复合型人才，加强紧缺人才特别是新兴学科、交叉学科的人才培养；硕士研究生教育应在增加专业学位类别的基础上，不断提高专业学位研究生的比例；博士研究生教育应进一步改革培养机制，提升科研创新能力，大力培养拔尖创新人才，从而使各层次、各类型人才更好地满足社会多样化的需求。

### （六）建立科学、合理的教育评价机制

引导学校教育正确培养人才，关键是要建立科学、合理的教育评

价机制。要加快建立教育行政部门制定标准、高校按标准办学、第三方机构进行评价、有关部门进行督导的运行机制。对人才培养质量的评价要更加体现评价主体的多元化，积极引入社会评估，特别是行业企业评价。对中、小学校教育质量，不仅要考察学业水平，还有考察学生的品德发展水平、身心发展水平、兴趣特长养成等，对高等学校和职业学校，除要进行教学水平考察外，还要考察人才培养对国家和区域经济社会发展需求的适应度、办学资源配置对人才培养的保障度。积极探索根据第三方综合评价结果进行生均经费的差异化拨款，建立起"奖优退劣"的激励机制。

执笔人：单大圣　毕革新

第七章

# 优化人力资源配置对生产效率的提升作用

●基于劳动力微观调查数据，本文测算发现，如果促进劳动力市场的灵活性，消除人力资源在地区间、行业和所有制间的配置障碍，可以在不增加其他投入的情况下使 GDP 提高 8.0 个百分点左右。

●目前，人力资源优化配置的主要空间在行业和地区配置，其中，行业间优化配置可使 GDP 提高 3.14%，地区间优化配置可使 GDP 提高 4.97%。

●除了在不同部门的优化配置外，进一步提高就业质量，包括提高就业岗位的保障程度和就业的稳定性，也可以进一步提高生产率。

●建议从提高劳动力市场流动性、提高就业稳定性两个方面促进人力资源优化配置。

随着中国经济发展进入新常态，劳动和就业市场也出现了转折性变化，突出表现在劳动力供应总量开始减少和人口老龄化快速发展，劳动力数量增长对经济增长的贡献开始大幅度减弱，但是中国仍然是人力资源大国，不仅人力资本水平或者说平均受教育程度还有很大的提升空间，而且我国的劳动力市场还很不完善，人力资源在地区间、行业间、不同所有制单位间的配置也存在很大的优化提升空间。通过优化配置可以有效提升生产率，提升经济发展质量。

# 一、相关研究成果

人力资源配置是指把不同的劳动者按照就业岗位的需求和劳动者自身的特征，配置到最合适的岗位上去。在市场经济下，这种劳动力的优化配置多数表现为劳动者通过自由流动，通过劳资双方的自我选择，不断实现岗位和人员的优化配置。但在实际情况中，由于信息的不对称性以及其他一些体制机制的约束和劳动力转换的成本，往往很难配置到一个较好的状况，因此通过制度优化，提高配置效率，对于促进经济发展具有重要意义。

## （一）从理论看，经济发展过程中需要人力资源不断优化配置

对于后发国家来说，人力资源在农业和非农业之间的配置是经济发展中的重要现象。1954 年，刘易斯（W. A. Lewis）在《劳动力无限供给条件下的经济发展》一文中提出了二元经济增长模型，即随着现代经济部门的发展，劳动力会逐步从农业部门向非农业部门转移，这种转移持续发展到一定阶段，传统农业部门中剩余劳动力消失时，就会出现现代经济部门工资上升的情况，这一点即为"刘易斯转折点"。既然对于二元经济体，劳动力从农业向非农业转移是一个持续的优化过程，当这一转移过程受到阻碍时（例如户籍制度等），就可能产生人劳资源在农业和非农业部门之间不够优化的问题。

随着经济社会发展，劳动力还需要不断在低技能和高技能劳动力之间优化配置。Acemoglu（1998）模型假定，经济中存在高技能劳动

力与低技能劳动力，对应着存在技术密集型产品和劳动密集型产品。技术密集型产品的生产需要投入高技能劳动力和与其匹配的机器，劳动密集型产品的生产需要投入低技能劳动力和与其匹配的机器，且这两种机器可交叉使用，总生产是技术密集型和劳动密集型产品的加总。Acemoglu 发现，在这样的经济体中，技术进步与要素禀赋结构和产品质量升级层次有关。高技能劳动力的增长会带来先进机器需求增大以及技术的进步，并促进技术密集型产业的发展。而产品质量升级和水平层次能力的增强，也带来产业结构的优化升级，并要求经济提供更多的高技能劳动力。研究发现，一个经济体的产业结构由劳动密集型向技术密集型升级的过程中，会受到人力资本结构和技术资本配置结构的约束。最优化配置人力资本对于实现产业结构升级有着重大的意义。

不同性质部门的存在也可能影响人力资源的配置效率。Acemoglu（1995）、Murphy 等人（1993）的生产、保护与分利模型对存在多种类型经济部门情况下的人力资源错配进行了研究。在该模型中，人力资本有追求超额收益的能力，根据收益选择进入政府部门、垄断部门或市场部门。政府部门分利参数的调整和行政垄断收益的存在引起相对报酬扭曲，引发整体人力资本错配置，降低人力资本的创新效应。在激烈的竞争中，只有依靠创新才能获得超额利润的部门，而实现创新收益又受到政府部门干预带来的行政风险的影响。由于垄断收益的存在，人力资本很可能更多地集中于垄断部门，降低了市场部门人力资本的配置，出现了人力资本的错配。

**（二）实证研究发现人力资本优化配置对提高经济效率有重要作用**

很多学者发现了要素重置对全要素生产率具有重要影响。Hsieh

和 Klenow（2009）根据中国制造业企业的数据（1998～2005 年的工业生产年度调查数据）、印度制造业企业统计数据（1987/1988～1994/1995 财政年度数据）、美国普查局的制造业普查数据（1977、1982、1987、1992 和 1997），研究三个国家制造业的全要素生产率分布情况及与资本和劳动力配置的关系，该文研究结果发现，假如资本和劳动力可以完全自由化流动并达到最佳配置状态，那么美国制造业的全要素生产率可以提升 30%～43%，中国可以提升 86%～115%，印度可以提升 100%～128%。如果达不到最佳配置，但能达到美国这个标杆的配置的话，中国全要素生产率可提升 30%～50%，印度全要素生产率可增加 40%～60%。由于资本相对流动性更强，因此这里面的效率提升潜力更多来源于劳动力的再配置。

尽管我国城乡间人力资源流动得到了很大的改善，但城乡配置仍然不够优化。有研究测算了中国劳动力的城乡错配对 TFP 的影响大小，估算了当前中国农业部门就业比重过大对全要素生产率产生的影响。结果显示，改革以来，劳动力错配对 TFP 有着明显的负效应，以不同的指标计算，在 -2% 到 -18% 之间，并呈逐渐扩大趋势（袁志刚、解栋栋，2011）。

不少研究还发现中国人力资本的区域配置不够优化。各地区之间存在明显的劳动力素质差异，而且地区之间存在劳动力利用效率的差异，中西部地区的劳动力利用效率相对较低，东部地区的劳动力利用效率较高。这不仅不利于劳动力资源的充分利用，而且也制约产业升级，并还极大地阻碍了区域间的协调发展（梁泳梅等，2011）。葛虹（2009）对我国自 1996 年以来的地区间劳动力配置效率测算发现，我国劳动力配置效率在不同年份波动很大，2002 年配置效率最高，2001年配置效率最低，不同年份差异很大。陈晓旭、夏海勇（2013）对我国不同省份的普通型人力资本与技能型人力资本对经济增长的贡献度进行研究，发现技能型人力资本在经济发达的东部地区均对经济增长起到推动作用，而在西部地区，技能型人力资本对经济增长的推动作用弱于普通型人力资本。在我国地区发展中存在着人力资本存量配置和经济发展程度在部分省份间的不匹配现象。

最新的比较研究发现，中国的人力资源存在严重的行业错配。从行业看，我国各行业的劳动力供应与需求之间与全社会劳动力的分布状况相比有很大差距。主要表现在部分垄断性行业和机关事业单位吸引了大量高素质劳动力，而同样需要高素质人才的一线企业反而缺少供应。中国社科院课题组张平等（2014），用各行业大学本科以上学历的劳动力占总劳动力的比重除以该行业增加值占 GDP 比重，以表示各行业配置高素质劳动力资源的状况。他们的比较发现，与美国和英国相比，中国在制造业方面所配置的高素质就业人员比重明显偏低，而在教育、卫生、娱乐等服务业方面配置的劳动力素质明显偏高。

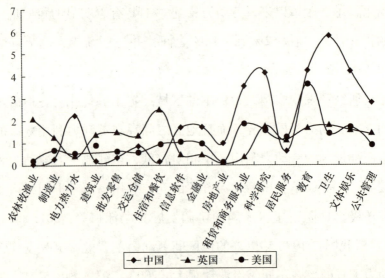

图7-1 中、美、英三国人力资源的行业配置比较

### （三）就业稳定性及其对人力资本积累和生产效率的影响

就业稳定性也是人力资源配置的重要方面。劳动力市场的就业稳定性问题，一直是西方国家理论界和政策制定者关注的重要问题，如果就业人员不能获得高质量、稳定的工作，经常面临失业的危机，不仅会影响劳动者的收入水平和福利状况，还会直接影响企业的竞争力和增长的质量（翁杰等，2008）。技能、受教育水平等人力资本特征是决定收入水平的主要因素，而培训是提高劳动者技能的重要手段。在培训过程中，企业的培训起着重要的作用，而工作稳定性与企业的培训意愿密切相关。

张祖平（2004）的研究发现，尽管企业年金限制了人力资本的流动，但并不妨碍企业年金发挥促进企业人力资本投资的作用。由于员工流动性降低，企业有更大的积极性去增加对员工的培训，从而有助于促进人力资本提升。李萍、谌新民（2012）基于东莞市的企业调研数据，认为要促进产业升级，必须从提高劳动者就业稳定性入手，促进劳资双方积极进行人力资本投资。罗楚亮（2008）的研究认为，稳定就业和非稳定就业人群之间的工资收入差距在 1995～2002 年间有所扩大，而且在低收入人群中，就业稳定性所起的作用更大。

## 二、人力资源优化配置可以有效提高生产效率

为定量测算人力资源优化配置对生产效率的具体影响，本研究采用微观数据对中国的数据进行了分析。

### （一）具体计算方法介绍

#### 1. 基本假设

假设每个企业 $i$ 的生产函数可以表示为一个 cobb – douglas 函

数，即：

$$Y_i = A_i K_i H_i^{1-\alpha} \tag{1}$$

其中 $Y_i$ 表示企业 $i$ 的总产出，$A_i$ 表示全要素生产率，$K_i$ 表示物质资本，$H_i$ 表示人力资本，每个厂商在既定的价格水平下通过选择物质资本和人力资本数量以实现利润极大化，即：

厂商：

$$\max(\pi_i) = (1 - \tau_j^R) p_j Y_j - r K_j - w(1 + \tau_j^w)(1 + \tau_r^w)(1 + \tau_s^w) H_i \tag{2}$$

其中 $p_j$ 是行业 j 的产品价格，$\tau_j^R$ 是一个产品价格摩擦系数（Revenue - wedge），以反映不同行业的价格扭曲情况，$w$ 是一个全社会平均的价格水平，而 $(1 + \tau_j^w)$ 是一个工资摩擦系数（wage - wedge），反映各行业的劳动力配置扭曲程度，$(1 + \tau_r^w)$ 反映地区间的劳动力扭曲配置程度，$(1 + \tau_s^w)$ 反映国有企业的劳动力扭曲配置程度。

**2. 人力资源配置效率的理论计算**

上述利润最大化问题的一阶条件如下：

$$\frac{1 - \tau_j^R}{(1 + \tau_j^w)(1 + \tau_r^w)(1 + \tau_s^w)} (1 - \alpha) p_j A_i K_i^\alpha H_i^{-\alpha} = w \tag{3}$$

由上式可见，与不存在市场扭曲的情况相比，存在产品价格摩擦系数和工资摩擦系数会扭曲人力资源在行业、地区和所有制间的分配。例如，当工资摩擦系数 $\tau_j^w$、$\tau_r^w$ 和 $\tau_s^w$ 增大时，本单位的工资水平相对提高，人工成本变贵，企业就会相应地减少人力资本使用量，这会产生一个人力资源的非有效配置，因为人力资本的边际产出不再等于社会平均的工资水平。

记 $\quad 1 + \tau^w = (1 + \tau_j^w)(1 + \tau_r^w)(1 + \tau_s^w)$

进一步，本文假设所有的人力资本是完全可替代的。也就是说，全社会的人力资本等于各行业人力资本使用量的简单加总，即 $H =$

$\sum_{j,r,s} H_{jrs}$ ，则由（3）式可得：

$$H_{j,r,s} = \frac{\left[ \dfrac{(1 - \tau_j^R)}{(1 + \tau^w)}(1 - \alpha)p_j A_{j,r,s} K_{j,r,s}^{\alpha} \right]^{\frac{1}{\alpha}}}{\sum_j \left[ \dfrac{(1 - \tau_j^R)}{(1 + \tau^w)}(1 - \alpha)p_j A_{j,r,s} K_{j,r,s}^{\alpha} \right]^{\frac{1}{\alpha}}} H \tag{4}$$

进一步假设各行业的产品是同质化可加总的，而且各行业的产品价格也是外生决定的，即类似于产品价格完全由国际市场决定的小国开放经济体，这样，整个经济体可观测到的总产出应为：

$$Y^{obs} = \sum_{j,r,s} (1 - \tau_j^R) p_j Y_{j,r,s}$$

而 $Y_{j,r,s} = A_{j,r,s} K_{j,r,s}^{\alpha} \left\{ \dfrac{\left[ \dfrac{1 - \tau_j^R}{(1 + \tau^w)} p_j A_{j,r,s} K_{j,r,s}^{\alpha} \right]^{\frac{1}{\alpha}}}{\sum_{j,r,s} \left[ \dfrac{1 - \tau_j^R}{(1 + \tau^w)} p_j A_{j,r,s} K_{j,r,s}^{\alpha} \right]^{\frac{1}{\alpha}}} \right\}^{1-\alpha} H^{1-\alpha}$

代入上式，并记 $(1 - \tau_j^R) p_j A_{j,r,s} K_{j,r,s}^{\alpha} = \Omega_{j,r,s}$ ，$\Omega_{j,r,s}$ 表示行业 j、地区 r 属性为 s 企业的生产效率。

则 $Y^{obs} = \sum_{j,r,s} \left[ \dfrac{\Omega_{j,r,s}^{\frac{1}{\alpha}}}{(1 + \tau^w)^{\frac{1-\alpha}{\alpha}}} \right] \left( \sum_{i,re,soe} \left( \dfrac{\Omega_{i,re,soe}}{(1 + \tau^w)} \right)^{\frac{1}{\alpha}} \right)^{\alpha - 1} H^{1-\alpha}$ \qquad (5)

上式表示实际观察到的经济总产出，由于有一些摩擦系数的存在，上式并不是最优的产出。这里假设考虑所有的工资摩擦系数 $\tau_j^w$ 、$\tau_r^w$ 和 $\tau_s^w$ 均为零，也即人力资本得到无扭曲的最佳配置，则相应的最大产出应为：

$$Y^* = \left( \sum_{j,r,s} (\Omega_{j,r,s})^{\frac{1}{\alpha}} \right)^{\alpha} H^{1-\alpha} \tag{6}$$

这样可以得到如果改善人力资源配置对总产出的影响大小为：

$$R = \frac{Y^*}{Y^{obs}} = \frac{\left( \sum_{j,r,s} (\Omega_{j,r,s})^{\frac{1}{\alpha}} \right)^{\alpha}}{\sum_{j,r,s} \left[ \dfrac{\Omega_{j,r,s}^{\frac{1}{\alpha}}}{(1 + \tau^w)^{\frac{1-\alpha}{\alpha}}} \right] \left( \sum_{i,r,s} \left( \dfrac{\Omega_{i,r,s}}{(1 + \tau^w)} \right)^{\frac{1}{\alpha}} \right)^{\alpha - 1}} \tag{7}$$

在上式中，分子和分母再乘上 $H^{1-\alpha}$ 就是相应的总产出，因此上式的分子分母实际上就是生产率，上式表示，没有劳动力市场误配时的最佳生产效率除以实际中的生产效率。

### 3. 根据微观数据计算人力资源配置效率的方法

首先，根据（3）式可以得到下面的关系式：

$$(1 - \alpha)\Omega_{j,r,s}H_{j,r,s}^{-\alpha} = w(1 + \tau^w) \tag{8}$$

根据微观数据，可以得到个人的收入水平、个人的人力资本情况（特征因素）。假设理想情况下，在 r 地区、行业 j 和属性 s 的单位工作的个人 i 的总收入可用下式表示：

$$m_i = w(1 + \tau_j^w)(1 + \tau_r^w)(1 + \tau_s^w)h_i \tag{9}$$

其中 $m_i$ 表示个人总收入，$w(1 + \tau_j^w)(1 + \tau_r^w)(1 + \tau_s^w)$ 表示 j 行业、r 地区、性质为 s 的工作部门的单位人力资本的工资，$h_i$ 表示个人 i 的人力资本水平。进一步，我们假设个人的人力资本水平可以表示成：

$$\ln h_i = X_i'\beta_x + \varepsilon_i \tag{10}$$

其中 $X_i'$ 表示个人 i 决定人力资本水平的一系列特征向量，例如性别、年龄、受教育程度、工作经验等，$\beta_x$ 是一个把这些人力资本特征向量转化为人力资本水平的系数向量，$\varepsilon_i$ 是一个和其他特征向量无相关的随机项。这里假设了人力资本没有行业专用性，也即同一个人在不同行业时，其人力资本的水平是相同的。

根据（9）和（10）式，可以把个人的收入改写成下式：

$$\ln m_i = \ln w + ln(1 + \tau_j^w) + ln(1 + \tau_r^w)$$
$$+ ln(1 + \tau_s^w) + X_i'\beta_x + \varepsilon_i \tag{11}$$

在进行计量分析时，上式可进一步写成：

$$\ln m_i = \beta_0 + \delta_j + \varphi_r + \eta_s + X_i'\beta_x + \varepsilon_i \tag{12}$$

其中 $\delta_j$ 是行业虚拟变量，$\varphi_r$ 是地区虚拟变量，$\eta_s$ 是单位所有制的虚拟变量，实际回归中，去除一个 j 行业和 r 地区的虚拟变量，这样：

$$\beta_0 = ln\ w + ln(1 + \tau_j^w) + ln(1 + \tau_R^w) + ln(1 + \tau_s^w) \qquad (13)$$

在得到回归结果以后，行业 j、地区 r、属性 s 的就业单位，其实际工资水平可由下式计算：

$$\bar{w}_{j,r,s} = \bar{w}(1 + \bar{\tau}_j^w)(1 + \bar{\tau}_r^w)(1 + \bar{\tau}_s^w)$$

$$= exp(\bar{\beta}_0 + \bar{\delta}_j + \bar{\varphi}_r + \bar{\eta}_s) \qquad (14)$$

而个人 i 的人力资本水平同样可由下式计算：

$$\bar{h}_i = X_i'\bar{\beta}_x + \bar{\varepsilon}_i \qquad (15)$$

在个人人力资本水平计算的基础上，可以计算行业 j、地区 r、属性 s 所实际使用的人力资本水平

$$\bar{H}_{j,r,s} = \sum_{i \in j,r,s} \bar{h}_{i,j,r,s} \qquad (16)$$

而全社会的人力资本水平则是：

$$\bar{H} = \sum_{j,r,s} \bar{H}_{j,r,s} \qquad (17)$$

而根据（8）式，

$$\bar{\Omega}_{j,r,s} = \frac{\bar{w}(1 + \bar{\tau}_j^w)(1 + \bar{\tau}_r^w)(1 + \bar{\tau}_s^w)}{1 - \alpha} \bar{H}_{j,r,s}^\alpha \qquad (18)$$

把上式代入（5）式，可得没有劳动市场扭曲的情况下的最优产出为：

$$\bar{Y}^* = \left( \sum_{i,r,s} (\bar{\Omega}_{i,r,s})^{\frac{1}{\alpha}} \right)^\alpha \bar{H}^{1-\alpha} \qquad (19)$$

最后，为求出 $Y^{obs}$，还必须要求得 $(1 + \tau^w) = (1 + \tau_j^w)(1 + \tau_r^w)(1 + \tau_s^w)$ 的值，这里借鉴（Vollrath，2014）的方法。

$$\mu_{j,r,s} = \bar{\delta}_j + \bar{\varphi}_r + \bar{\eta}_s - \sum_{j,r,s} (\bar{\delta}_j + \bar{\varphi}_r + \bar{\eta}_s) \cdot s_{j,r,s}$$

其中 $s_{j,r,s}$ 表示行业 j、地区 r、属性 s 的单位所使用劳动力占总劳动力的比重，进一步

$$(1 + \overline{\tau}^w) = \exp(\mu_{j,r,s})$$

## (二) 数据介绍及测算结果

北京大学的中国家庭追踪调查 (China Family Panel Studies, CF-PS) 是一项全国性、综合性的社会跟踪调查项目，通过收集个体、家庭和社区三个层次的数据，调查内容包括了村/居概况、家庭关系、工作与收入、教育、健康等诸多主题，是目前我国样本容量大，数据质量较高的微观数据库之一。

表7-1　　　　　　　　本部分所用数据的统计描述

| Variable | 含　义 | Obs | Mean | Std. Dev. | Min | Max |
|---|---|---|---|---|---|---|
| wage_ t | 月工资 | 11739 | 1993.0 | 3851.6 | 0.08 | 253004 |
| age | 岁　数 | 11739 | 40.7 | 12.7 | 16 | 83 |
| edul2 | 平均受教育程度 | 11738 | 8.7 | 4.4 | 0 | 22 |
| urban | 城　乡 | 11707 | 0.4 | 0.5 | 0 | 1 |
| hukou | 户　籍 | 11739 | 0.3 | 0.5 | 0 | 1 |
| leader | 是否有直接下属 | 11739 | 0.1 | 0.3 | 0 | 1 |
| soe | 是否是国有企业 | 11739 | 0.1 | 0.3 | 0 | 1 |

资料来源：中国家庭追踪调查2012。

根据式 (12)，对中国家庭追踪调查2012年数据的回归结果如下表所示：

表7-2　　　　　　　　就业稳定性与收入水平的关系

| 变量名称 | 变量含义 | 系　数 | T 值 |
|---|---|---|---|
| lastt_ job1 | 工作持续时间 | 0.238 *** | (33.04) |
| formaljob | 岗位社会保障 | 0.345 *** | (14.56) |
| gender | 性别 | 0.085 *** | (6.98) |
| lnyear_ w | 参加工作累计时间 | -0.111 *** | (-7.36) |
| edul2 | 受教育年限 | 0.032 *** | (9.83) |

续表

| 变量名称 | 变量含义 | 系　数 | T 值 |
|---|---|---|---|
| urban | 城乡 | 0.047 | (1.80) |
| hukou | 户籍 | - 0.004 | ( - 0.15) |
| leader | 是否有直接下属 | 0.359 *** | (13.55) |
| Ind | 行业虚拟变量 | | |
| EduFather | 父亲受教育程度虚拟变量 | | |
| _cons | | 6.328 *** | (64.55) |
| N | 8492 | R2: 0.3205 | |

资料来源：计算结果。

根据表 7 - 2 的回归结果，根据式（15）~式（19）的计算方法，可以得出在 2012 年，$R = \dfrac{Y^*}{Y^{obs}} = 1.082$

也就是说，通过人力资源优化配置可以使总产出提高 8.2%。进一步，通过分解可以发现，这 8.2% 的优化潜力主要来源于地区间和行业间的配置，分别占总贡献的 61.0% 和 38.5%，如图 7 - 2 所示。

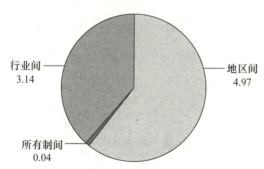

行业间
3.14

地区间
4.97

所有制间
0.04

**图 7 - 2　优化人力资源配置效率提升的源泉分解**

## 三、提升就业稳定性，有利于人力资本积累

一个高效的劳动市场应该是流动性和稳定性的高度统一。所谓流动性是指不同岗位之间的流动壁垒很小，劳动者可以方便、低成本地

从一个岗位转移到另一个岗位工作，从而促进就业的优化配置。所谓工作稳定性是指员工可以在同一家企业工作较长时间，不会经常在不同企业之间转移，从而可以有效地积累特殊的知识和经验。

发达国家普遍重视保持劳动力市场流动性的同时也注重提高就业的稳定性。亨利·S. 法伯（1998）发现"刚刚进入劳动力市场的人，很可能在从事一系列短时间工作之后方能找到较适应的工作，从此他将在这一岗位上工作较长的时间"，"在美国有一半以上新工作在第一年终止，但一半以上的美国人在其一生的某一阶段曾在一个工作岗位上工作 20 年以上"，但在中国，由于多种因素的影响，不少地区，特别是东部地区的制造业企业，普遍存在员工流动性过高的问题。

### （一）近年来中国就业稳定性的变化及行业特征

随着中国市场化的发展，特别是从计划经济向市场经济的转变，劳动力市场经历了一个从高度计划性、高度稳定的模式向一个高度流动性和不稳定性的转变。例如，罗楚亮（2008）发现 2002 年与 1995 年相比，稳定就业的比重从 94.07% 下降到 74.46%（该文中的稳定就业是指固定职工和长期合同工，其他作为非稳定就业）。见表 7 - 3。近年来的许多调研也发现，东部地区许多制造业企业的员工流动性很高，不少达到 30% 甚至 70% 或 100% 的水平。

表 7 - 3　　2002 年与 1995 年相比就业稳定性的变化

| | 1995 年 | | 2002 年 | |
|---|---|---|---|---|
| | 人　数 | 百分比 | 人　数 | 百分比 |
| 企事业单位的固定职工 | 8877 | 75.06 | 5068 | 52.51 |
| 长期合同工 | 2249 | 19.02 | 2118 | 21.95 |
| 临时工或短期合同工 | 311 | 2.63 | 1103 | 11.43 |
| 没有合同的员工 | — | — | 7.3 | 7.56 |

|  | 1995 年 | | 2002 年 | |
|---|---|---|---|---|
|  | 人　数 | 百分比 | 人　数 | 百分比 |
| 从事私营或个体经营人员 | 67 | 0.57 | 314 | 3.25 |
| 其　　他 | 323 | 2.73 | 318 | 3.29 |
| 稳定就业 | 11126 | 94.07 | 7186 | 74.46 |
| 非稳定就业 | 701 | 5.93 | 2465 | 25.54 |
| 合　　计 | 11827 | 100 | 9561 | 100 |

资料来源：罗楚亮（2008）。

## （二）不同行业的就业稳定性有显著差别

与罗楚亮（2008）不同，本文不是从各岗位的特征，比如是否签订了劳动合同来定义就业稳定性，而是从劳动者的在同一岗位上的就业时间反映就业稳定性，在中国家庭追踪调查（2012）中，有一个问题是最主要工作的起始时间（多数劳动者在调查时本岗位仍在继续进行），据此可以计算出观测样本在各行业的平均工作时间和分布情况。

从表 7 - 4 可见，不同行业的稳定性有较大的差别。例如，就业稳定性最差的是住宿和餐饮业，被调查者平均在此行业工作了 3.4 年，这与该行业主要就业人员多数是非正规的特性有关，而教育行业、公共管理、电力燃气水这些行业的平均工作年限最长，符合这些行业工作稳定性较强的特征。值得关注的是，制造业的平均工作时间是 5.9 年，处于各行业居中的水平。

表 7 - 4 　　　　　　2012 年各行业就业稳定性的比较

| 行　　业 | 平均已经工作时间（年） | 观察值个数（个） |
|---|---|---|
| 农林牧副渔 | 4.2 | 189 |
| 采矿业 | 6.9 | 292 |
| 制造业 | 5.9 | 3014 |

| 行　业 | 平均已经工作时间（年） | 观察值个数（个） |
|---|---|---|
| 电力燃气水 | 10.4 | 137 |
| 建筑业 | 7.3 | 1530 |
| 交通运输和仓储业 | 7.3 | 494 |
| 信息传播计算机 | 4.9 | 101 |
| 批发和零售业 | 4.5 | 930 |
| 住宿和餐饮业 | 3.4 | 380 |
| 金融业 | 6.6 | 150 |
| 房地产业 | 5.7 | 147 |
| 租赁和商务服务业 | 5.1 | 133 |
| 科学研究和技术服务业 | 8.3 | 73 |
| 水利环境设施管理业 | 7.5 | 112 |
| 居民服务和其他服务业 | 5.1 | 252 |
| 教育 | 11.9 | 487 |
| 卫生社会保障 | 10.8 | 202 |
| 文化体育和娱乐 | 6.8 | 97 |
| 公共管理和国际组织 | 10.0 | 609 |
| 其他行业 | 9.0 | 38 |
| 未注明行业 | 0.6 | 2289 |
| 平均/合计 | 6.8 | 11656 |

资料来源：中国家庭追踪调查（2012）。

不平行业的就业持续时间分布也很不相同（图7-4~图7-6），例如住宿和餐饮业的时间分布集中于年限较短的时期，而教育和政府部门则分布得更为平均和分散。

### （三）提高就业稳定性有利于人力资本积累和生产率提高

同样利用中国家庭追踪调查（CFPS）中的数据，本报告检查了工作稳定性与个人工资水平的关系，由于在回归中控制了就业者本人其

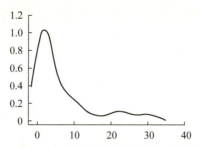

**图 7 - 3    制造业的就业持续时间分布**

注：kernel = epanechnikov，bandwidth = 1. 7161。

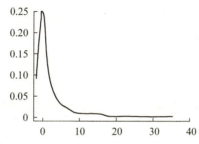

**图 7 - 4    住宿餐饮业的就业持续时间分布**

注：kernel = epanechnikov，bandwidth = 0. 7140。

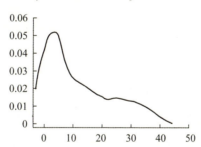

**图 7 - 5    教育领域的就业持续时间分布**

注：kernel = epanechnikov，bandwidth = 2. 9309。

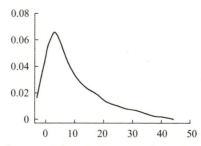

**图 7 - 6    政府和公共管理部门的就业持续时间分布**

注：kernel = epanechnikov，bandwidth = 2. 1942。

他的受教育程度、工作年限、户籍、性别、行业等人力资本特征，而在竞争性市场中，就业者的收入水平主要反映了其生产贡献或者人力资本水平，因此工作稳定性对就业收入的贡献可以看作由于工作稳定性提高对人力资本影响而产生的效应。由表7-2可见，工作持续时间前的系数显著为正，也就是说，在年龄、受教育程度等其他因素相同的情况下，在同一个岗位工作的时间越长，收入越高。因此，有理由推断，正作稳定性有助于提高人力资本水平、有助于提高生产效率。

## 四、进一步提高就业质量的政策建议

根据对我国劳动就业相关制度和政策的分析，并结合目前我国影响就业质量的主要因素，"十三五"期间应重点通过以下几个方面提升就业质量。

### （一）推进农民工市民化进程，鼓励劳动力在其常住地定居

当前，就业稳定性较低的一个重要原因是劳动力，特别是转移劳动力的工作地与长期居住地不统一，劳动者本身没有在一个地方长期工作的准备。因此要大力推进农民工市民化进程，促进转移人口在城市定居落后，从而增强劳动者自身稳定工作的意愿。

为了提高工作稳定性，还需要从就业和收入方面建立正向激励。应鼓励企业通过建立企业年金等制度，给予长期稳定就业群体更高的收入预期，从而加强原有岗位对劳动者的吸引力，促进员工人力资本和企业知识及诀窍的积累。

**（二）加强职工养老、医疗等较高水平社会保障对所有就业人群的全覆盖**

一是要加大依法强制参保的要求。目前，按照我国的劳动保护相关法律，许多岗位应该参加企业社会保险。但由于执法不严，加上企业和员工本人都有一定激励不参加社会保障，从而增加当期的收入。

二是要加大高水平社会保障对灵活就业岗位的覆盖面。以显著提高灵活就业岗位的社会保障水平，要通过更加方便的社保缴纳方式、更大的宣传力度，来增加灵活就业人员的参保意识。

**（三）消除劳动力在区域间、行业间和不同所有制单位之间流动的障碍，促进劳动力资源的优化配置**

一是要进一步加快社会保障的全国性统筹，方便劳动者的社会保障区域间转移接续，提高劳动者参保意愿。不少职工没有参保的重要原因是由于工作不确定性大，而工人本身退休地与工作地可能不一致，因此员工不确定当前缴纳社会保险后，退休后是否能享受相应的福利，降低了参保的积极性。

二是要积极发展人力资源服务业，通过多种途径，加强就业信息的传播，帮助劳动者特别是困难地区、困难群体获得更多就业岗位的信息，从而促进优化配置。

三是要进一步消除不同所有制之间、不同行业之间的一些就业限制，促进劳动力在不同所有制企业之间、不同行业之间的流动。

**（四）加大教育改革力度，培养高素质人才**

提高劳动者素质，不仅可以直接提高人力资本水平，更重要的是可以提高劳动者适应岗位转化的能力，更好地满足高技能、高素质岗位的需求。当前适应我国建立创新强国战略的需求，要全面加快各种教育和培训领域的改革，特别是加强高等教育改革的力度，提高教育质量和创新能力，还需要尽力强化技术型人才的培养，提高人力资源适应经济结构调整的能力。

执笔人：许召元

**参考文献**

［1］马庆发．提升就业质量：职业教育发展的新视角．教育与职业，2004（12）

［2］蔡昉，王美艳．非正规就业与劳动力市场发育——解读中国城镇就业增长．经济学动态，2004（1）

［3］胡凤霞，姚先国．农民工非正规就业选择研究．人口与经济，2011（4）

［4］张祖平．企业年金对人力资本的影响研究．现代管理科学，2004（12）

［5］沈燕．社会保障对人力资本及其经济增长的影响．社会保障研究，2012（4）

［6］翁杰，周必或，韩翼祥．发达国家就业稳定性的变迁：原因和问题．浙江工业大学学报，2008（2）

［7］李萍，谌新民．人力资本投资、就业稳定性与产业转型升级——基于东莞市的经验．学术研究，2012（9）

［8］罗楚亮．就业稳定性与工资收入差距研究．管理世界，2008（4）

［9］梁泳梅，李钢，董敏杰．劳动力资源与经济发展的区域错配．中国人口科学，2011（5）

［10］刘秀梅，田维明．我国农村劳动力转移对经济增长的贡献分析．管理世界，2005（1）

［11］袁志刚，解栋栋．中国劳动力错配对 TFP 的影响分析．经济研究，2011（7）

［12］Allen, Clark, Mcdermed, 1998, Why do Pendison Reduce Mobility? NBER Working Papers. Feb. 1988, w2509, http：//nber. org/papers/w2509

［13］Bloom, Canning Sevilia, 2001, The effect of Health on Economic Growth：Theory and Evidence. NBER working paper. Nov. http：//www. nber. org/papers/w8587

［14］Hsieh, Chang－Tai & Klenow, Peter, 2009, MISALLOCATION AND MANUFACTURING TFP IN CHINA AND INDIA, QUARTERLY JOURNAL OF ECONOMICS, Vol. CXXIV November 2009 Issue 4

［15］W. A. Lewis, Economic Development with Unlimited Supplies of Labour, The Manchester School, Vol. 22, Issue2, 1954, pp. 139 – 191

［16］Acemoglu, 1998 "Why do New Technologies Complement Skills? Directed Technical Change and Wage Inequilty", The quarterly Journal of Economics, Novermber 1998

第八章

# 人力资源政策演变及建议

- 新中国成立以来，我国人力资源政策中教育政策、人才政策、科技政策与职业技术培训政策经历了重大演变。
- 在不同的发展时期，我国实行相应的人力资源政策，并努力适应经济社会发展的需要。
- 人力资源政策需要在深化教育体制改革、加强高端人才培养、建立科学有效的人才管理机制等方面进一步改革。

人力资源是影响经济增长的一个重要因素。随着我国经济社会发展不断接近世界技术前沿，人力资源政策在经济社会发展中的效应越来越明显。人力资源政策只有随着经济社会发展而动态调整，才能保证持续支撑经济社会发展的需要。

## 一、我国人力资源政策演变

我国人力资源政策主要指国家政策，由教育政策、人才政策、职业技术培训政策和科研政策等方面组成，其中教育政策部分在第六章进行了分析，本部分主要分析其他政策。

## （一）人才政策

### 1. 留学政策

鉴于"一五计划"对国家工业化和国防技术人才的要求，我国先后与苏联和东欧等国达成留学生的交换协议，20世纪60年代初中、苏关系紧张后，派出人数减少，1965年后基本停止向苏联派出留学生。据教育部统计，1950~1963年间，总共派出留学生9594人，主要分布在苏联和东欧各国，其中苏联8357人，东欧各国925人（东德、捷克、波兰三国共占近七成）。除教育部门派出外，20世纪50年代军委系统派出军事留学生800人，共青团中央派出138人；为执行各项苏、欧援建计划，"一五"期间由各工业部门独立派出7800人去苏联、东欧工厂、矿山对口实习工艺技术和管理。这一时期的留学派遣几乎全部为国家出资公派，所派出的18000多留学人员几乎全部回国。这批归国青年初时分布在工业、国防及科学技术诸领域，多年以后大多成长为国内顶尖的高级专门人才。

"文化大革命"后，邓小平复出主管科技和教育，多次谈话论及科教和人才之重要。1978年6月，邓小平在清华大学发表讲话谈道，留学生的数量要增大，主要搞自然科学。这是五年内快见成效、提高我国水平的重要方法之一。要成千成万地派，不是只派十个八个……教育部要研究一下，花多少钱都值得。此言在当时中国政界、思想界和教育界极为震动。讲话不到20天，教育部就提出了《关于加大选派留学生数量的报告》。1978年，中国政府遴选了23名留学生派往英、法、日、澳、加和新西兰等国学习，年底在中美建交前派出了首批赴美的52名留学生。在此后的10年间，公派留学生以每年3000人的数量被派往美、英、日、德、法以及北欧、加拿大、比利时等国家。与此同时，国家逐步放开自费留学政策及多种留学渠道，"出国热"在全国急速升温。1986 年，为弥补公派留学生参差不齐、学非所用的弊病，国家进一步出台了"按需派遣，保证质量，学用一致"的留学政策。1989 年 11 月，国家教委在《关于出国留学若干方针政策问题的请示》中提出，在原来的"按需派遣，保证质量，学用一致"的方针中增加"德才兼备"的要求；在国家公派留学生的选拔方面，取消了将名额分配到具体单位的做法，实行"限额申报，专家评审，择优录取"，后来又实行了"按照项目确定人员，定向（项）派出"的方法；在留学生的类型方面，规定"今后除少数学科外，原则上不派出国攻读学位的人员"。

1993 年，党的十四届三中全会把"支持留学、鼓励回国、来去自如"作为出国留学方针。1996 年，我国对公派出国留学政策作出进一步的调整，成立国家留学基金管理委员会，引入竞争机制，在国家留学基金资助的公费留学生选派上实行"个人申请、专家评审、平等竞争、择优录取、签约派出、违约赔偿"的新做法，取代过去层层计划分配名额的做法。国家留学基金管委会还同一些地方政府、部委共同设立了合作派出项目，使国家公派的做法向单位公派辐射。同时，按国家需要设立出国留学项目，引入经济管理手段，对公派出国留学实行贷款制。目前，我国出国留学人员中超过 90% 为自费出国留学。2015 年度我国出国留学人员总数为 52.37 万人，其中国家公派 2.59 万人、单位公派 1.60 万人、自费留学 48.18 万人。

**2. 引智政策**

新中国成立之初，我国非常重视争取国外留学生回国工作，并有计划地选派留学生出国深造，集中最优秀的科学力量和最优秀的大学毕业生从事科学研究。到1957年，归国的海外学人已经有3000多人，约占新中国成立前在海外留学生和学者的一半以上，大多数人成为新中国科学技术发展的奠基人或开拓者。在中国科学院选定的第一批233名学部委员（后改称院士）中，近2/3来自这批归国的海外学人。

我国提出实施"科教兴国、人才强国"战略后，更加重视发挥外国人才及留学人才在促进自主创新，提高自主创新能力，建设创新型国家中的重要作用。相继出台了一系列政策意见，如2000年7月人事部印发了《关于鼓励海外高层次留学人才回国工作的意见》，2006年人事部出台了《留学人员回国工作"十一五"规划》，同年教育部公布了《高等学校学科创新引智基地管理办法》，科技部发布了《"十一五"科技合作实施纲要》。2007年人事部等部门印发了《关于建立海外高层次留学人才回国工作绿色通道的意见》，2008年中央办公厅转发了《中央人才工作协调小组关于实施海外高层次人才引进计划的意见》。2012年8月中组部、人社部等11个部门和单位联合印发《国家高层次人才特殊支持计划》，总体目标是从2012年起，用10年左右时间，有计划、有重点地遴选支持10000名左右自然科学、工程技术、哲学社会科学和高等教育领域的杰出人才、领军人才和青年拔尖人才，形成与引进海外高层次人才计划相互补充、相互衔接的国内高层次创新创业人才队伍开发体系。2015年7月，公安部推出支持上海科技创新中心建设的系列出入境政策措施，共有12项，希望从加大海外高层次人才吸引力度、加大对创业初期人员孵化支持力度、促进国内人才流动、提高出入境专业化服务水平等方面，为上海科创中心建设提供最便捷的出入境环境、最优良的外籍人才居留待遇、最高效的出入境服务。2016年3月，公安部推出支持北京创新发展的20项出入境政策措施，涉及外国人签证、入境出境、停留居留等，包括为符合认定标准的外籍高层次人才设立申请永久居留"直通车"。与宏观人才战略相配套，我国还推出并实施了许多人才计划，包括"海外青年学者归国访问计划"（1990）、"跨世纪优秀人才培养计划"（1991）、"引进国外杰出人才计划"（2001）、"海外知名学者计划"（2006）、中科院先后实施了"百人计划"（1994），教育部相继设立了"回国留学人员科研资助费"（1990）、"留学回国人员科研启动基金"（1997）、"长江学者奖励计划"（1998），国家自然科学基金委设立国家杰出青年科学基金（外籍，1994）等。有关部门扩大永久居留证受益范围，为外籍高层次引进人才提供签证及居留便利。我国留学人员回国数量不断攀升，2012 年超过 27 万人，2013 年超过 35 万人，2014年超过 36 万人，2015 年超过 40 万人，正形成新中国成立以来最大规模的海外人才归国潮。

### （二）科技政策

新中国成立时全国科学技术人员不到 5 万人，几乎是在一片"废墟"上重建。1949 年 11 月，在原中央研究院和北平研究院的基础上成立了中国科学院。随后几年里，中国初步形成了由中国科学院、高等院校、国务院各部门研究单位、各地方科研单位、国防科研单位五路科研大军组成的科技体系。1956 年制定的《1956～1967 年科学技术发展远景规划》，是我国第一个发展科学技术的长远规划。1964 年，周恩来总理在政府工作报告上首次提出要实现工业、农业、国防和科学技术现代化。1965 年，全国科学研究机构已达到 1700 多个，从事科学研究的人员达到 12 万人，形成了一批学科较齐全、设备较好的研究所，培养了一支水平较高、力量较强的科研队伍。"文化大革命"对中国科学技术事业是一场巨大灾难，科技管理陷入瘫痪，广大科学技术工作者被迫停止科研工作，下放到农村或厂矿劳动改造，中国科学技术事业几乎陷入停滞状态。

1978 年 3 月，时任副总理的邓小平在全国科学大会开幕式上作了极为重要的讲话，他提出，要实现农业、工业、国防和科学技术现代化，关键在于实现科学技术现代化。1988 年 9 月，邓小平在会见捷克斯洛伐克总统胡萨克时提出了"科学技术是第一生产力"的著名论断。1980 年，全国科学技术工作会议提出"把学习、消化、吸收国外科学技术成就作为发展我国科学技术的重要途径"。1985 年《中共中央关于科学技术体制改革的决定》，确立了"经济建设必须依靠科学技术，科学技术必须面向经济建设"。1988 年国务院《关于深化科技体制改革若干问题的决定》，提出鼓励科研机构切实引入竞争机制，积极推行各种形式的承包经营责任制，实行科研机构所有权和经营管理权分离；鼓励和支持科研机构持续稳定的发展，国家对基础研究经费的投入要随着财政收入的增长不断增加；积极支持和促进集体、个体等不同所有制形式科技机构的发展；促进人才合理流动。1988 年，国务院先后批准建立了 53 个国家高新技术产业开发区，先后制定了"星火计划""863 计划""火炬计划""攀登计划"、重大项目攻关计划、重点成果推广计划等一系列重要计划，并逐步建立自然科学基金制，形成了新时期中国科技工作的大格局。

根据经济发展新要求，我国的科技发展战略方针开始转向"自主创新"，科技发展的重点是促进科技与经济、社会之间的相互结合，更加关注经济、政治、科技和教育等体制改革之间的协同配套。在科技人才培养方面，主要侧重于高层次创新型科技人才、紧缺人才和农村实用人才的培养，注重发挥教育在创新人才培养方面的重要作用。

1995 年全国科技大会上，江泽民正式提出"科教兴国"战略。这是继 1956 年号召"向科学进军"、1978 年全国科学大会之后，中国科技事业发展进程中第三个重要里程碑。1996 年《关于"九五"期间深化科学技术体制改革的决定》以及《"九五"全国技术创新纲要》提出了产学研合作模式以及以企业为主的自主创新战略。1997 年年底，国务院批准了中国科学院关于建设国家创新体系的方案，实施知识创新工程。1998 年 6 月，国家成立科技教育领导小组，表明国家从更高层次上加强对科技工作的宏观指导和整体协调。1999 年 8 月，全国科技创新大会的召开标志着创新活动在政策、技术以及知识层面的紧密结合和全面发展。1999 年，中共中央、国务院发布《关于加强技术创新，发展高科技，实现产业化的决定》，确定要深化经济体制、科技体制和教育体制的配套改革，推进国家创新体系建设，为高新技术成果商品化、产业化提供体制保障。1999 年 5 月，《国家科学技术奖励条例》发布施行。新的国家科学技术奖励制度包括了最高科学技术奖、自然科学奖、技术发明奖、科学技术进步奖和国际科学技术合作奖 5 大奖项。1999 年 6 月，外贸部及科技部联合提出"科技兴贸计划"，促进高新产品出口，优化出口产品结构，加速科技成果转化。同年 8 月，中共中央、国务院召开全国技术创新大会，提出要努力在科技进步与创新上取得突破性进展。2001 年《"十五"科技发展规划》提出了"有所为、有所不为，总体跟进、重点突破、发展高科技、实现产业化，提高科技持续创新能力、实现技术跨越式发展"的指导方针。

2006 年 1 月，全国科学技术大会颁布了《中共中央国务院关于实施科技规划纲要增强自主创新能力的决定》，作出了建设创新型国家的决策，要求扎实完成建设创新型国家的重大战略任务：到 2020 年，进入创新型国家行列，在 21 世纪中叶成为世界科技强国。《国家中长期科学和技术发展规划纲要（2006—2020 年）》提出，到 2020 年，全社会科技研发经费年投入总量将超过 9000 亿元，投入水平位居世界前列，企业成为科技创新主体。科技工作的指导方针是：自主创新，重点跨越，支撑发展，引领未来。《纲要》还提出，加快培养造就一批具有世界前沿水平的高级专家，充分发挥教育在创新人才培养中的重要作用，支持企业培养和吸引科技人才，加大吸引留学和海外高层次人才工作力度，为实施本纲要提供人才保障。2006 年 6 月，胡锦涛在中国科学院第十三次院士大会、中国工程院第八次院士大会上强调，必须坚持人才资源是第一资源的战略思想，把培养、造就创新型科技人才作为建设创新型国家的战略举措，加紧建设一支宏大的创新型科技人才队伍。胡锦涛指出，国际一流的科技尖子人才、国际级科学大师、科技领军人物，可以带出高水平的创新型科技人才和团队，可以创造世界领先的重大科技成就，可以催生具有强大竞争力的企业和全新的产业。培养造就创新型科技人才，首先要抓紧培养造就这类人才，尤其要培养造就一批中青年领军人物。

十八大以来，科技创新体制改革政策不断出台，2014 年发布了关于深化体制机制改革加快实施创新驱动发展战略的若干意见、关于大力推进大众创业万众创新若干政策措施的意见、深化科技体制改革实施方案、关于加强企业创新主体的八号文、关于加强改进中央财政科技项目资金管理的若干意见、深化院士制度的改革、深化中央财政科技的改革、重大科技基础设施以及向社会开放共享的意见，2015 年全国人大审核通过了促进科技成果转化法。2016 年 5 月，习近平在全国科技创新大会、两院院士大会、中国科协九大上指出，实现"两个一百年"奋斗目标，实现中华民族伟大复兴的中国梦，必须坚持走中国特色自主创新道路，加快各领域科技创新，掌握全球科技竞争先机。

这是我们提出建设世界科技强国的出发点。

近年来我国科技实力不断增强，已跻身科技大国行列。嫦娥一号于 2007 年 10 月在西昌卫星发射中心由"长江三号甲"运载火箭发射升空，神舟七号、神舟八号、神舟九号载人航天飞船升空，千亿次超级计算机系统"天河一号"研制成功，中国首家完全自主知识产权的新支线飞机 ARJ21 - 70028 在上海首飞成功。

### （三）职业技术培训政策

新中国成立以来，我国职业技术教育发展大体分为三个阶段：第一个阶段为新中国成立到改革开放前，第二阶段为改革开放至 2000 年，第三阶段为 2001 年至今。

新中国成立后，对旧教育进行改造，旧教育中的职业教育体制遭到否定。《共同纲领》讲"注重技术教育"。这个时期，中等技术教育包括中专和技校两类。中专培养中等专业干部，由各主管部门办学，办学模式与高等院校相似。技校培养中级技术工人，由劳动部门主管。中专技校及专业（工种）的设置、招生和毕业生分配都是高度计划性的。1958 年 3 月，中央宣传部部长陆定一在南京召开的民办农业中学座谈会上谈到，"动员群众力量办各种职业中学，特别是创办农业中学。"这是自新中国成立以来官方首次提倡职业教育。1963 年 5 月，教育部部长杨秀峰对职业学校"冠以实施一般劳动就业训练"。同年 10 月，周恩来总理强调"职业教育十分重要，必须努力办好。"此后，职业学校发展很快，但绝大多数是初中程度。

改革开放以来，农村经济体制改革导致生产劳动制度和方式的剧变。城镇必须自行开展全面的就业及再就业工程。以往的从业体制已无法继续维持，教育体制的改革势在必行。邓小平强调"应该考虑各级各类教育发展的比例，特别是扩大农业中学、各种中等专业学校、技工学校的比例。"中等教育结构改革的主要措施包括，将部分普通高中改建为职业高中，同时根据条件新建一些职业学校。中央和地方财政部门追加拨发职教补助费，以支持兴办职业学校。1982 年，教育部将中等专业教育司改为职业技术教育司，管理中专、职业学校和农业学校。1985 年中央指出，发展职业教育要"发展中等专业学校的骨干作用"，技校与其他职业培训一样属于劳动部门，也归并到职业教育系列。同年，出台《中共中央关于教育体制改革的决定》，将调整中等教育结构、大力发展职业教育作为我国教育体制改革的一个重点，提出"先培训、后就业"的原则。1991 年出台《国务院关于大力发展职业技术教育的决定》，强调集中力量办好一批起示范和骨干作用的学校；对不能升学的青少年开展从业前的职业培训；在普通教育中积极开展职业指导；要重视在职人员的职业培训。1994 年 7 月，《中华人民共和国劳动法》颁布，第 8 章规定，"国家通过各种途径，采取各种措施，发展职业培训事业，开发劳动者的职业技能，提高劳动者素质，增强劳动者的就业能力和工作能力"。1995 年 3 月，《中华人民共和国教育法》颁布，第 19 条规定，"国家实行职业教育制度"，要求"各级人民政府、有关行政部门以及企事业单位应当采取措施，发展并保证公民接受职业学校教育或者各种形式的职业培训"。

由于受传统的历史观念以及当前社会风气的影响，民众对职业技术教育仍然存在偏见，职业技术学校教育的发展一直受到制约，从而导致技术工人短缺日趋严重。从 2002 年开始，"技工荒""民工荒"等词见诸网络、报纸、书刊，"珠三角""长三角"等经济发展较快地区情况严重。从 2003 年年初开始，教育部、劳动保障部、国防科工委、信息产业部、交通部、卫生部联合组织有关行业部门、企业和职业院校专家，对我国制造业和现代服务业发展对技术、技能型人才需求状况进行了调研，结果显示，数控技术应用、计算机应用与软件技术、汽车运用与维修、护理等四大行业技能型人才最紧缺。2004 年 6 月，国务院在南京召开职业教育工作联席会议，教育部等七部委参加。陈至立认为，发展职业教育认识要有新高度，工作要上新水平，努力开拓新局面。同年 10 月，国务院颁布《关于大力发展职业教育的决定》。2010 年 10 月，国务院出台《关于加强职业培训促进就业的意见》。

2014 年，教育部等六部门印发《现代职业教育体系建设规划 (2014—2020 年)》的通知，提出加快发展现代职业教育，建设现代职业教育体系。十八大以来，习近平就加快职业教育发展多次作出重要指示。他强调，职业教育是广大青年打开通往成功大门的重要途径，必须高度重视、加快发展。李克强强调，职业教育大有可为，也应当大有作为。要把提高职业技能和培养职业精神高度融合，使"中国制造"更多地走向"优质制造""精品制造""中国智造"，使中国服务塑造新优势、迈上新台阶。

## 二、我国人力资源政策与经济发展不同阶段匹配性分析

### （一）第一阶段（1949～1976 年）计划经济阶段

#### 1. 经济发展战略

新中国成立后，为了迅速恢复经济秩序，国家采取了一系列重大步骤和措施：废除帝国主义在中国政治、经济、文化等方面的特权；没收官僚资本，发展国营经济；全面开展土地改革，发展农业生产；保护和发展私营工商业；统一财经工作，彻底稳定市场。仅仅用了三

年时间（1949～1952 年），国民经济主要指标超过抗日战争前的历史最高水平，稳定了市场物价，改善了人民生活。1953 年，毛泽东提出了"一化三改"的过渡时期总路线和总任务。1953～1956 年通过管制或收购帝国主义在华企业、没收官僚资本、对个体农业、个体手工业和资本主义工商业进行社会主义改造，建立了社会主义国有经济和集体经济，社会主义基本制度逐步建立起来。由于对社会主义认识的局限，私营经济被完全取消，个体经济微乎其微。"一化"即实现国家工业化，当时对工业化的认识主要是依据苏联的经验，衡量经济的主要指标是工农业总产值，实现工业化的标准是工业总产值占工农业总产值的比重达到 70%，实现工业化的途径是优先发展重工业。从 1953～1978 年，国家投入 7000 多亿元资金，建设了 3000 多个大中型项目，重工业、交通运输业和科学技术都有了相当发展。例如，开发建设大庆油田、胜利油田、辽河油田、华北油田，建成攀枝花钢铁基地、六盘水煤炭基地，兴建 13 个大化肥、4 个大化纤、3 个石油化工项目，建设多条铁路和几十个深水码头，研制出"两弹一星"。这个阶段中国经济发展模式主要是在模仿苏联，建立了集中动员资源能力极强的指令性计划经济体制，走上非市场化的经济发展道路。

**2. 匹配性分析**

新中国成立初期，我国在科技资源少、国力有限和国际封锁等特殊情况下，高校在校生从 1949 年的 11.7 万人增加到 1956 年的 40.8 万人，短期内为社会主义经济建设输送大量人才，为我国集中有限资源发展重工业和国防工业发挥了积极作用，有效地支撑了阶段性经济发展战略目标的实现。这一阶段采取的科技、教育和人才政策，与阶段性的经济发展战略是基本匹配的。尽管中国经济在此期间发生很多波折，例如 1958 年的"大跃进"和"文化大革命"期间的破坏，但总的来说，经济仍实现了较快增长。这一阶段人力资源政策主要问题：财经、政法和中文等文科院校较少，在全国高等学校的比例仅占10%，这方面人才的培养还不能满足社会发展的需要；理科院校虽多，但专业设置过细，使所培养的人才专业面窄，工作适应性、创造性弱。

## （二）第二阶段（1977～1992 年）有计划的商品经济阶段

### 1. 经济发展战略

"文化大革命"后，以 1978 年党的十一届三中全会为标志，我国进入了改革开放的历史新时期。1979 年中央决定在深圳、珠海、厦门和汕头试办特区，1982 年家庭联产承包责任制确立，1984 年党的十二届三中全会通过《中共中央关于经济体制改革的决定》，提出有计划的商品经济。1986 年 12 月国务院作出《关于深化企业改革增强企业活力的若干规定》。1987 年党的十三大提出了社会主义初级阶段理论和"一个中心、两个基本点"的基本路线，制定了到 21 世纪中叶分三步走、实现现代化的发展战略。这一阶段我国在经济和社会的发展战略上，率先开展农村改革，优先发展轻工业，重点加强基础工作和基础建设，改组改造和提高加工业，把发展电子工业放在突出位置，积极发展第三产业，注重经济、科技、教育、文化、社会的全面发展。从片面追求重工业产值产量的增长开始转向以提高经济效益为中心，努力优化经济结构，促进产业结构合理化。

### 2. 匹配性分析

1978～1992 年间，按照"跟踪模仿"为导向的科技发展思路，我国大力推动教育结构调整，普及初等教育，发展职业技术教育，加速发展高等教育，加快财经、政法、管理类薄弱学科和专业的发展，扶持新兴、边缘学科的成长，培养应用型人才等人力资本结构调整策略，有效地推动了经济快速增长和产业结构优化。1979～1993 年，我国 GDP 年均增长 9.7%，实现了世界范围内罕见的经济增长奇迹。三大产业之间，轻、重工业之间以及各产业内部的比例关系逐步走向协调。

这一阶段的科技与教育发展也存在很多问题，如科技事业还单纯依靠行政手段和指令性计划管理，带来了新的问题和矛盾，如条块分割，科研、设计与生产脱节，不利于科技工作面向经济建设；科技成果不能有效的转化，不利于科技成果迅速转化为生产力；科研成果公有，束缚了科技人员智慧和创造才能的发挥；科研机构分散和重复建设问题严重等。这充分表明，当时传统科技体制已不能适应社会经济发展的新形势和新要求。高等教育各学科内部专业结构不尽合理，工科、师范、财经专业较多，农、林、政法专业较少。理、工、农科某些专业面过窄，分工过细，基础理论学习薄弱，培养的学生就业适应性差。文科中专业设置不完整，有的专业面过宽，培养目标不明确；有的专业陈旧落后，一些与新兴和边缘学科相关的专业是空白，不能适应科学现代化的需要；有的专业存在不必要的重复，有些配套专业之间的比例不协调，造成人才浪费。以 1987 年为例，一方面有 353 个专业人才奇缺，大学毕业生缺口达 19 万人之多；另一方面有 157 个专业毕业生过剩，10 万多大学生找不到与自己专业匹配的工作。

## （三）第三阶段（1993 年至今）社会主义市场经济阶段

### 1. 经济发展战略

以 1992 年邓小平同志南方重要讲话和党的十四大为标志，我国改革开放和社会主义现代化建设进入了新的发展阶段。确立了中国经济体制改革的目标是建立社会主义市场经济体制，提出经济体制从传统的计划经济体制向社会主义市场经济转变，经济增长方式从粗放型向集约型转变，西部大开发、振兴东北老工业基地和科教兴国战略、可持续发展战略作为跨世纪的国家发展战略。2001年，中国正式成为世贸组织成员，标志中国对外开放进入新阶段。新世纪，我国经济经受了非典疫情和国际经济危机的考验，始终保持平稳较快增长，经济总量稳居世界第二位，人均国内生产总值增至7800美元左右，第三产业增加值占国内生产总值比重超过第二产业，农业连续增产，全面深化改革有力推进，我国成为全球第一货物贸易大国和主要对外投资大国。这一阶段，我国工业化进程在加速。在这种情况下，高技能人力资本和创新型人力资本成为推动经济增长的核心人力资本；工业化的进程加速使得对高技术应用型人才的需求大幅增加。

### 2. 匹配性分析

1993年以来，深入实施科教兴国和人才强国战略，深化科技体制改革，强调自主创新的科技发展方向，集中力量重点办好一批高水平大学和重点学科，大力发展高等职业教育和应用型研究生教育，全面推进素质教育，加大引进高层次人才等一系列人力资源结构调整措施，对于推动经济增长、产业结构升级和创新型国家建设起到了至关重要的作用。但科技与经济结合度不紧，企业、高校、科研院所在科技创新中的主体作用发挥不够，科研管理体制还不能适应创新驱动发展的需要。职业教育仍然是我国教育事业的薄弱环节，发展不平衡，办学条件比较差，办学机制以及人才培养的规模、结构、质量还不能适应经济社会发展的需要。期间也发生了1998年大学扩招后大学生就业难的问题。

# 三、我国人力资源政策的进一步改革方向

## （一）进一步深化教育改革

教育政策要与经济发展规律和教育内在规律相适应，通过合理的人力资本政策构建各种类型教育相互衔接、相互沟通的教育体系。一是严格执行《义务教育法》，保障适龄儿童、少年必须接受教育，重点是办好农村义务教育和解决流动人口的子女入学问题。二是加强基础教育管理。目前，幼儿教育市场比较混乱，幼儿教师素质参差不齐，教育质量堪忧。城市和农村教育质量差距明显，特别是农村教师素质和数量与城市相比还有比较大的差距，政府要从政策上向农村教育倾斜，保证农村学校师资，逐步缩小城乡教育差距。三是职业教育严重滞后。职业教育是我国教育体系中最薄弱的环节，政府政策引导不够，职业教育发展方向不清，与市场联系不紧密，与高等教育衔接存在障碍，本科层次职业教育和应用型研究生教育发展较慢。四是提高研究生培养质量。研究生人才特别是博士研究生人才，承担着掌握学术前沿、创新知识的重任，要把国家重点发展领域的研究生人才培养放在重要位置，提高博士研究生教育质量，努力培养和造就高端创新型人才。

## （二）加强高端人才的培养、吸引和使用

高端人力资源是一个国家竞争力的重要表现形式之一。目前，世界各国对高端人力资源的争夺非常激烈，高端人力资源在国际范围内配置和流动日益频繁。现阶段，我国还缺少高端人力资源培养的顶层设计和长远战略，缺少与市场经济相适应、系统培养和吸引高端人力

资源的有关政策。需要注意的是，我们不仅要把培养的高端人力资源留得住、用得好，还需要把紧缺的高端人力资源引进来、留下来。目前，我国引进高端人力资源还存在工作签证、子女入学、社会保障、工作待遇和科研体制等诸多限制和障碍，需要抓紧研究出台相关政策。

### （三）建立科学有效的人才管理体制

科学有效的人才管理机制是使人才这一最活跃要素发挥最大限度作用的重要保障。要加快人才立法进程，对人才配置和流动依法管理。深化人才管理体制改革，构建系统科学、合理有效的人才管理体制机制，完善人才管理制度，促进形成各类人才脱颖而出、健康成长、发挥才干的良好机制和环境。加快人才市场化建设，建立以市场为导向、符合市场规律的完善、有效的运行机制。

执笔人：毕革新　陈　翔

# 后 记

　　本书是国务院发展研究中心招标课题的研究成果。本课题由国务院发展研究中心隆国强副主任担任顾问，毕革新和许召元担任课题负责人，课题组成员包括国务院发展研究中心研究人员周群力、张冰子、单大圣、高庆鹏、张伟，还有来自中央组织部干部四局副处长彭彬、中国劳动保障科学研究院助理研究员韩巍以及中国人民大学劳动人事学院博士生陈翔。本书仍有许多缺点和不足，敬请广大读者批评指正。

毕革新　许召元

2016 年 6 月